Joschka **Fischer**
**Der Abstieg des Westens**

Joschka **Fischer**

# Der Abstieg des Westens

**Europa in der neuen Weltordnung des 21. Jahrhunderts**

Kiepenheuer
& Witsch

Verlag Kiepenheuer & Witsch, FSC® N001512

4. Auflage 2018

Umschlaggestaltung: Rudolf Linn, Köln
Umschlagmotiv: © Urban Zintel
Gesetzt aus der Sabon
Satz: Buch-Werkstatt GmbH, Bad Aibling
Druck und Bindung: GGP Media GmbH, Pößneck
ISBN 978-3-462-05165-0

# Inhalt

# Vorwort – Von der Ordnung der Staatenwelt

Die Geschichte als der niemals abreißende Strom der Zeit wird von innen heraus in der Regel als eine Kontinuität von Alltagserfahrungen erlebt – gerade eben noch war sie Gegenwart und schon ist diese zur Vergangenheit, zur Geschichte geworden. Sowenig man in der Regel beim Gebrauch seiner Muttersprache groß über diese oder gar über ihre grammatikalische Ordnung nachdenkt, so wenig geschieht dies im Alltag der Politik oder gar in der Außenpolitik. Dabei gilt für diese, was auch für die Sprache gilt: So wie der Gebrauch der Wörter und der Satzbau den Regeln einer Ordnung folgen, einer Grammatik, so gilt dies auch für die Politik und ganz besonders für den Umgang und das Verhältnis der Staaten zu- und untereinander. Und genauso wenig, wie Sprachen statische Konstrukte sind, sondern ganz im Gegenteil hochdynamisch der permanenten Veränderung und Anpassung unterworfen sind, genau so gilt dies auch für die internationalen Ordnungssysteme, für die Ordnung der Staaten.

Solche Systeme und ihre Ordnungen sind ein entscheidender Faktor für die Gestaltung des Friedens oder Unfriedens zwischen den Staaten. Haben Staaten einander widersprechende Gebietsansprüche und Machtinteressen oder arbeiten sie zusammen, legen sie ihre Konflikte auf dem Verhandlungswege bei oder erheben sie Dominanz- und Herrschaftsansprüche, vertrauen sie auf Gewalt oder Recht, herrscht zwischen ihnen Vertrauen oder Misstrauen, wollen sie erobern oder friedliche Nachbarschaft – all das sind die traditionellen Fragen in der internationalen Ordnung, die über Krieg oder Frieden entscheiden. Und über allem steht die Frage, ob es eine Macht oder einen Staat gibt, der die Vorherrschaft in einem solchen mehrere Staaten und Mächte umfassenden System ausübt. Ein solcher Hegemon gestaltet das System und garantiert dessen Sicherheit und inneren Frieden mit überlegener Gewalt und kultureller Dominanz.

Beginnen sich die Machtgewichte in einer solchen etablierten Ordnung zu verschieben und beginnt das System sich als Ganzes zu verändern, dann spürt man früher oder später die Erschütterungen dieses Vorgangs im Strom der Zeit. Geschichte und ihre Ordnung dringt in den Alltag ein und droht diesen dramatisch zu verändern. Die Frage nach der Ordnung wird virulent. Der Schriftsteller Stefan Zweig, der sich am Ende des Ersten Weltkriegs in der neutralen Schweiz aufhielt, wollte damals zurück in sein besiegtes heimatliches Österreich und erlebte auf dem Grenzbahnhof in Buchs, wie eine jahrhundertealte Ordnung an ihm vorbei in die Vergangenheit fuhr. Es war eine bizarre Szene: »Schon beim Aussteigen hatte ich eine merkwürdige Unruhe bei den Grenzbeamten und Polizisten wahrgenommen. Sie achteten nicht besonders auf uns. ... offenbar warteten sie auf Wichtigeres. Endlich kam der Glockenschlag, der das Nahen eines Zuges von der österreichischen Seite ankündigte. ... Langsam, ich möchte fast sagen majestätisch rollte der Zug heran, ein Zug besonderer Art ... ein Salonzug. Die Lokomotive hielt an. Eine fühlbare Bewegung ging durch die Reihe der Wartenden, ich wusste noch immer nicht warum. Da erkannte ich hinter der Spiegelscheibe des Waggons hoch aufgerichtet Kaiser Karl, den letzten Kaiser von Österreich, und seine schwarzgekleidete Gemahlin, Kaiserin Zita. Ich schrak zusammen: der letzte Kaiser von Österreich, der Erbe der habsburgischen Dynastie, die siebenhundert Jahre das Land regiert, verließ sein Reich!«[1]

Stefan Zweig hat diesen hoch symbolischen Augenblick des Verschwindens einer jahrhundertealten Ordnung – das Ende des dynastischen Europas auf einem Schweizer Grenzbahnhof – literarisch festgehalten. Die Weltgeschichte fuhr damals mit der Eisenbahn, auch der deutsche Kaiser Wilhelm II. hatte sich mit dem Zug ins holländische Exil davongemacht.

Wenn eine Ordnung der Staaten wankt oder gar durch eine andere abgelöst wird, dann geschieht dies meistens durch eine schwere Krise oder gar im Gefolge einer Zeit des Krieges, wie im Jahre 1918, und es berührt den Alltag von Millionen von Menschen. Plötzlich ist die Frage nach der Ordnung von alltäglichem Interesse, weil sie, jenseits der ruhigen Selbstverständlichkeit in friedlichen Zeiten, umstürzende Konsequen-

9

zen für den Alltag hat. Die Menschen in Osteuropa und auch in Ostdeutschland erlebten einen solchen Umsturz ihres Alltags im Gefolge des 9. November 1989, als in der Nacht zum 10. November die Mauer in Berlin gefallen war und eine neue internationale Ordnung jenseits des Kalten Krieges sich abzuzeichnen begann.

Blickt man auf die europäische Geschichte der letzten 200 Jahre zurück, so war die Zeit bis zum Ersten Weltkrieg an der Oberfläche durch ein hohes Maß an Stabilität und einen lang anhaltenden Frieden bestimmt, unter der Oberfläche aber hatten die Spannungen zwischen den europäischen Großmächten immer mehr zugenommen, bedingt durch die neuen Fähigkeiten und Interessen, welche die Industrialisierung der großen europäischen Staaten mit sich gebracht hatte, auch durch die Ambitionen eines neuen Akteurs im Zentrum Europas, durch Deutschland. Nach einer unruhigen Zwischenkriegszeit kam der noch sehr viel furchtbarere Zweite Weltkrieg, an dessen Ende die alte europäische Staatenordnung definitiv unterging und durch die bipolare Ordnung des Kalten Krieges abgelöst wurde.

Diese wiederum verschwand mit dem Ende der Sowjetunion und wird gerade durch eine neue Weltordnung ersetzt, deren Konturen zwar für uns Zeitgenossen bereits ahnbar sind, aber deren konkrete Form noch im Dunkel der Zukunft liegt.

Der Zeitgeist reagiert auf solche spürbaren Veränderungen mit Nervosität und Ambivalenz. Dem Westen geht es nach wie vor gut, verglichen mit anderen

Teilen der Welt. Nur – wird es so bleiben? Aus dieser Ambivalenz zwischen Gegenwart und Zukunft und der Ahnung, dass die neu entstehende Weltordnung des 21. Jahrhunderts zu seinen Lasten gehen wird, entsteht im Westen vielfach das Bedürfnis nach Rückversicherung in einer »besseren« Vergangenheit, die unwiederbringlich dahin ist. Der Boden, auf dem der Westen stand – Eliten wie die Bevölkerungen gleichermaßen –, ist schwankend geworden und die Fragen nach der Zukunft des Westens und Europas, die noch vor wenigen Jahren als absurd erschienen wären, sind heute in den Mittelpunkt des Interesses gerückt. Was also wird diese absehbare Veränderung der globalen Ordnung für den Westen und für dessen ältesten Teil, für Europa, bringen? Wie wird sie aussehen, diese neue Ordnung? Wer werden die Gewinner und wer die Verlierer sein?

# Das Jahr der großen Veränderung

Das Jahr, von dem hier die Rede sein soll, begann nicht an einem ersten Januar um Mitternacht, sondern irgendwann in den Morgenstunden eines frühsommerlichen Junimorgens, und es sollte sich im Rückblick als ein Schicksalsjahr zumindest für den Westen erweisen. An jenem Morgen des 24. Juni 2016, als klar wurde, dass bei dem EU-Referendum im Vereinigten Königreich die Austrittsbefürworter zwar eine knappe, gleichwohl aber eindeutige Mehrheit für das Verlassen der Europäischen Union erzielt hatten, begannen die Grundlagen einer Weltordnung, die meine Generation und auch meine Arbeit als Außenminister der Bundesrepublik Deutschland über sieben Jahre hinweg geprägt hatten, in Bewegung zu geraten. Langsam zuerst und fast unmerklich, zunächst anscheinend auf Europa beschränkt, ging diese Bewegung einher mit der Wiederkehr von Gedanken und Glaubenssätzen einer untergegangen geglaubten Epoche Europas.

Mit der Brexit-Entscheidung wurde eine Entwicklung auch für eine breitere Öffentlichkeit sichtbar, die sich seit Längerem schon in verschiedenen Staaten Europas in Gestalt einer historischen Regression angedeutet hatte, nämlich eine mentale Abkehr von der

Gegenwart und einer für die Europäer nur trübe Aussichten versprechenden Zukunft, verpackt in eine aggressive Ablehnung bis hin zur offenen Feindschaft gegenüber dem europäischen Einigungsprozess und eine Rückkehr zur Nation, ja zum Nationalismus, unter dem Banner der nationalen Selbstbestimmung. Es zeigte sich, dass dieser neue Nationalismus keineswegs nur auf Osteuropa beschränkt war, wo er im Widerstand gegen die Sowjetherrschaft eine gleichermaßen revolutionäre wie zentrale Rolle gespielt hatte, sondern er gewann auch unter den alten Mitgliedstaaten in Westeuropa zunehmend an Kraft. In den Niederlanden, Belgien, Frankreich, in Skandinavien, in Österreich, nicht nur in Ungarn und Polen, erhielten nationalistische, offen europafeindliche Parteien bei Wahlen großen Zulauf, und in diesen den gesamten Kontinent betreffenden neonationalistischen Trend platzte nun die britische Entscheidung mit ihrem Ja zum Brexit. Diese warf sofort die Frage auf, welche anderen Mitgliedstaaten den Briten folgen würden und ob die Brexit-Entscheidung am Ende nicht gar der Beginn der Auflösung der EU sein würde.

Damit war zugleich das Thema für das Jahr 2016/17 gesetzt: Hat die EU als transnationales Gebilde überhaupt noch eine Zukunft? Oder ist die Idee eines vereinigten Europas gemeinsam mit dem Kalten Krieg im Orkus der Geschichte verschwunden? Wird das Jahr 2016/17 den Anfang vom Ende der EU markieren? Wohin waren all der Optimismus, all die Aufbruchsstimmung der Jahre zwischen dem Fall der Mauer in

Berlin und der großen EU-Osterweiterung verschwunden? Das Jahr war mit dem Brexit und seinen möglichen Folgen für Europa aber noch keineswegs zu Ende, es sollte noch schlimmer kommen.

Für die EU, und dies wird sich mehr noch für Großbritannien erweisen, war diese Brexit-Entscheidung ein heftiger Schlag. Auf dem Hintergrund der britischen Geschichte ist das Rätsel dieses Vorgangs weniger die Brexit-Entscheidung als solche als vielmehr die Frage: Warum jetzt? Vier Jahrzehnte nach dem Ende des Empires und dem EU-Beitritt des Landes. Warum erlebt das Vereinigte Königreich, das Mutterland des politischen Pragmatismus, erst jetzt, in unseren Tagen, diese völlig unerwartete Transformation vom Realismus hin zur Fantasie, ja Halluzination unter Führung des englischen Nationalismus?

Für die EU bedeutet der Brexit, dass zum ersten Mal (wenn man von dem Austritt des eher randständigen Grönlands in den 8oer-Jahren einmal absieht) die Europäische Union nicht mehr weiterwachsen, sondern schrumpfen wird. 65 Mio. Briten würden fortan nicht mehr der EU und ihrem gemeinsamen Markt angehören. Die nach Deutschland zweitgrößte nationale Volkswirtschaft Europas und gemeinsam mit Frankreich stärkste Militär- und Nuklearmacht, neben Frankreich zudem mit einem ständigen Sitz im Sicherheitsrat der Vereinten Nationen vertreten, würde fortan wieder ihre eigenen Wege gehen und sich von jenem Prinzip »Integration«, das die europäische Nachkriegsgeschichte so überaus erfolgreich geprägt und die EU mit ihrem gemeinsamen Markt überhaupt erst möglich gemacht hatte, definitiv verabschieden.

Gewiss, die Briten waren erst 1973 zur EU gestoßen (damals noch EWG) und mental eigentlich nie wirklich ganz dabei. Sie sahen in Europa immer nur eine Art verbesserter Freihandelszone und erhandelten sich im Laufe ihrer Mitgliedschaft zahlreiche Ausnahmeregelungen, mittels derer sie sich eher am Rand des europäischen Spiels aufhielten als in dessen spielgestaltender Mitte, waren dadurch mehr Bremser als Motor des europäischen Einigungsprozesses gewesen, und vielleicht würde es ja sogar ohne diesen Bremser in der Union einfacher vorangehen. In den Fragen aber, in denen das britische nationale Interesse mit den Interessen der EU übereinstimmte, wie in manchen Sicherheits- und Handelsfragen oder bei der Osterweiterung der EU, zeigte sich das ganze positive Gewicht des Vereinigten Königreichs und auch die große Erfahrung der früheren Weltmacht für die EU. In diesen Fällen war der europäische Staatenverbund mit Großbritannien wesentlich stärker als ohne Großbritannien.

Jenseits der Schwächung der EU in den Sektoren Wirtschaft und Sicherheit setzte das Brexit-Referendum unter dem Banner der Wiedergeburt der nationalen Souveränität auch ein nicht zu übersehendes politisch-symbolisches Signal gegen den europäischen Integrationsprozess, und das war alles andere als eine feuilletonistisch anmutende Kleinigkeit. Denn die EU ist keineswegs nur ein gemeinsamer Markt und das Ergebnis eines wohlmeinenden proeuropäischen Idealismus, sondern das Ergebnis brutaler historischer Prozesse auf dem europäischen Kontinent, denen vor allem in der ersten Hälfte des zwanzigsten Jahrhunderts Millionen von Europäern zum Opfer gefallen sind.

Begriffe und Realitäten wie »Nation«, »Nationalstaat« und »nationale Souveränität« sind alles andere als von der Natur oder Gott oder wem auch immer gegeben und keineswegs schon immer vorhanden gewesen, sondern es sind historische Konstrukte. Als Europa (und ganz besonders das alte deutsche Reich im Dreißigjährigen Krieg) im 16. und 17. Jahrhundert von blutigen Religionskriegen zerrissen und verheert worden war, trat am Ende dieser Katastrophe – als schließlich alle beteiligten inneren wie äußeren Mächte völlig erschöpft waren, keine Seite also mehr die Aussicht auf einen Sieg und Deutschland etwa ein Drittel seiner Bevölkerung verloren hatte – eine Friedenskonferenz in Münster und Osnabrück zusammen, die sich nach langen und zähen Verhandlungen schließlich auf einen Friedensvertrag einigte, den sogenannten »Westfälischen Frieden«, der nicht nur das Grauen in Deutschland beenden, sondern der zugleich auch Europa eine neue politische Ordnung geben sollte.[2] Diese Frage nach der europäischen Ordnung war und ist die entscheidende Frage für einen dauerhaften Frieden bis zum heutigen Tag. Die neue europäische Staatenordnung – nach ihren Entstehungsorten die »westfälische Ordnung« genannt – musste vor allem den hochgefährlichen Sprengsatz der Religion entschärfen

17

(der durch die christliche Glaubensspaltung in der Reformation entstanden war), sie musste im Deutschen Reich einen Modus Vivendi für einen dauerhaften Frieden finden und zugleich die Interessen der beteiligten europäischen Großmächte ausgleichen, was ihr beides über einen beachtlichen Zeitraum hinweg gelang.[3]

Fortan begegneten sich alle Staaten, die in dem von ihnen kontrollierten Territorium als alleinige Souveräne regierten, in diesem neuen europäischen System der Theorie nach als Gleiche, nicht aber der Macht nach. Die Stabilität des Systems, das in den kommenden Jahrhunderten Europa bestimmen sollte, wurde machtpolitisch immer durch ein Gleichgewicht der Mächte garantiert, es wurde aber durch das Streben einer großen europäischen Macht nach der Vorherrschaft über den Kontinent häufig gefährdet und dann mittels zyklisch immer wieder stattfindender Kriege gegen den jeweiligen Hegemon verteidigt.[4]

Spanien/Habsburg, Ludwig XIV., Napoleon, das deutsche Kaiserreich, Hitler – sie alle scheiterten an diesem europäischen Staatensystem und seinen antihegemonialen Reflexen.[5] Das »westfälische System« endete in Europa endgültig erst im 20. Jahrhundert, genauer am 8. Mai 1945, nach zwei großen europäischen Kriegen, die sich zu Weltkriegen ausgedehnt hatten. Was darauf folgte, war die Teilung Europas in Ost und West, die Ordnung des Kalten Krieges, wie sie von den USA und der Sowjetunion – zwei Europa eng verbundenen, gleichwohl nicht europäischen Mächten – mittels ihrer historisch einmaligen Militärmacht garantiert wurde.

Bei der Verhinderung einer dauerhaften kontinental-europäischen Hegemonialmacht unterwühlte der europäische Kontinent »seine Herrenstellung indirekt«, wie der Historiker Ludwig Dehio lakonisch feststellte: »Denn der weltmächtige Aufstieg Englands und hinter ihm der Vereinigten Staaten, und auf der anderen Seite der entsprechende Aufstieg Russlands, das war der Preis, den unser Kontinent für die Freiheit seiner einzelnen Souveränitäten und für die Freiheit seines Gleichgewichtssystems im Ganzen zu bezahlen hatte.«[6] Die »westfälische Ordnung« war durch den Zweiten Weltkrieg zu einer globalen, bipolaren Ordnung und der Kampf um die Hegemonie in Europa war zu einem Kampf zweier globaler Systeme geworden und nicht mehr nur auf Europa beschränkt.

Damit aber hatte Europas Staatenwelt ihre Souveränität ganz oder zumindest teilweise an Washington und Moskau verloren. Die EU war und ist bis heute auch der Versuch, eine »postwestfälische« europäische Ordnung zu schaffen, die nun allerdings nicht mehr auf dem Gleichgewicht der Mächte auf dem europäischen Kontinent beruht, sondern den Fallstricken dieses Gleichgewichtssystems und dessen inhärenter Kriegsgefahr zu entkommen versucht. Die neue europäische Staatenordnung sollte aber auch nicht mehr auf der Ordnung der Bipolarität der Supermächte und der Teilung des Kontinents beruhen. Diese neue Ordnung, deren sichtbarer Ausdruck die Europäische Union ist, beruht auf der Integration der europäischen Staatenwelt und ihrer Wirtschaft und begann mit der Versöhnung und engen Zusammenarbeit der beiden traditionellen Erbfeinde Deutschland und Frankreich. Schritt für Schritt und in enger Anlehnung an die USA sollte so wieder eine europäische Souveränität in neuer Form entstehen.

Der Brexit, und darin liegt seine historische Bedeutung, ist nun nichts weniger als eine klare Absage an diesen europäischen Neuordnungsversuch durch eine der beiden Gründungsmächte des Westens, nämlich das Vereinigte Königreich, zugunsten einer Rückkehr zum Europa der Nationalstaaten und des traditionellen Gleichgewichts der Mächte, zum klassischen westfälischen System also. Dabei übersehen die Brexit-Befürworter und ihre Anhänger in den anderen Mitgliedstaaten der EU allerdings eine gleichermaßen banale wie zentrale Tatsache: Europa beherrscht nicht mehr die Welt, selbst die größten europäischen Mächte sind global gesehen machtpolitisch und ökonomisch auf den Rang von regionalen Mittelmächten geschrumpft. Der Kontinent hat seit dem 8. Mai 1945 seine Souveränität an die beiden großen, nicht europäischen Siegermächte in Ost und West verloren. Ein Zurück kann es für Europa und entgegen der Brexit-Illusion nicht mehr geben, da dem eine radikal veränderte Realität entgegensteht und Europa dazu selbst die Macht fehlt: Die Welt des 19. Jahrhunderts, dominiert von den großen europäischen Mächten, ihrem globalen Expansionsstreben und ihren Hegemonialkonflikten, wird im 21. Jahrhundert gewiss nicht wiedererstehen. Ganz andere und sehr viel größere Mächte werden in dieser neuen Welt das Sagen haben, wie es ja bereits seit dem Ende des Zweiten Weltkriegs der Fall war. Das Zentrum dieser neuen Weltordnung wird diesmal in Asien und im Pazifik liegen, nicht mehr in Europa oder im transatlantischen Raum. Daher heißt die tatsächliche Alternative für die Europäer nicht: EU oder Nationalstaat. Sondern: endgültiger Abschied der Europäer von der Weltbühne und dauerhafte Fremdbestimmung in einer mehr als ungewissen Zukunft oder Mut zu einer neuen Ordnung für den alten Kontinent. Diese Alternative wird in den kommenden Jahren ganz praktisch, auch für die »normalen« Bürger, nicht nur für die politischen und wirtschaftlichen Eliten, sichtbar werden.

Doch zurück zum Jahr 2016/17. Erneut sollte sich der Tragödie zweiter Akt in den frühen Morgenstunden ereignen, diesmal aber nicht in Europa, sondern jenseits des Atlantiks, in den USA. Die 58. Wahl des Präsidenten der Vereinigten Staaten endete mit einer Sensation: Donald Trump und nicht Hillary Clinton hieß der neue Präsident der Vereinigten Staaten, seit dem 20. Januar 2017 ist er im Amt. Und wie beim Brexit zuvor hatte eine breite Öffentlichkeit, darunter die allermeisten seriösen Medien und professionellen Beobachter, die Wahl Trumps schlicht nicht für möglich gehalten. Zum zweiten Mal war innerhalb weniger Monate eine große politische Illusion geplatzt, im alten transatlantischen Westen schienen bisher für unverrückbar gehaltene Grundlagen weich zu werden und diese historisch einmalig erfolgreiche Ordnung des Westens schien, völlig überraschend, am Beginn ihres Endes angelangt zu sein.

Das letzte Mal war in Europa ein solcher Ordnungsbruch mit dem Ende des Kalten Krieges und der Auflösung des damaligen Ostblocks geschehen. Als Michail Gorbatschow sich in den 8oer-Jahren des 20. Jahrhunderts daranmachte, die Sowjetunion zu reformieren, die sich allerdings als unreformierbar erweisen und in der Folge dieses Reformversuchs dann auch auflösen sollte, gab es für diesen Versuch durchaus zwingende Gründe. Das sowjetische Imperium konnte ökonomisch nicht mehr aufrechterhalten werden, es war hoffnungslos überdehnt und seine Wirtschaft heillos ineffizient. Die Sowjetunion war schlicht pleite, konnte den Rüstungswettlauf mit den USA nicht mehr weiterführen und ihren Supermachtstatus nicht mehr finanzieren. Aber warum droht jetzt dem Westen mit fast dreißigjähriger Verzögerung ein ähnliches Schicksal, scheinbar ganz ohne Not? Schleichend und nicht so spektakulär wie der Untergang der Sowjetunion? Warum will der Westen partout historischen Selbstmord begehen?

Die von der Wahl Trumps ausgelöste Veränderung sollte an erster Stelle die Rolle der USA als westliche Führungsmacht, als eherner Sicherheitsgarant für ihre Alliierten und als letzte globale Ordnungsmacht infrage stellen.[7] Trump sieht in dieser globalen Rolle der USA und in den damit einhergehenden Beistands- und Bündnisverpflichtungen und Sicherheitsgarantien keinen Gewinn für das Land, sondern er betrachtet die

USA als eine wohlmeinende Führungsmacht, die seit vielen Jahrzehnten von perfiden Bündnis- und Handels-partnern zulasten der amerikanischen Arbeiter ausge-beutet wird. Die USA zahlen mit dem Leben ihrer Sol-daten für fremde Sicherheitsinteressen und bluten auch massiv ökonomisch aus, während andere Partner (Ja-pan und Deutschland vorneweg) im Schatten der ame-rikanischen Sicherheitsgarantie und des ebenfalls von den USA garantierten Systems eines freien Welthandels immer reicher und stärker wurden. In Trumps Augen und in denen seiner Wählerschaft war Amerika besten-falls ein naiver Hegemon, der sich unter der Führung seiner alten Elite über Jahrzehnte hinweg von anderen hatte ausbeuten lassen. Damit gedachte Trump Schluss zu machen.

Die Wahl von Donald Trump war ganz offensicht-lich kein Betriebsunfall der amerikanischen Geschichte, vielmehr Ausdruck einer tiefen, lang anhaltenden Ent-fremdung zwischen der politischen und wirtschaft-lichen Elite des Landes und weiten Teilen der weißen Arbeiterklasse, der Mittelschicht und dem tiefen Ame-rika in der Provinz und den alten Industriegebieten. Vor allem die Finanzkrise von 2008, aber auch der mas-sive Arbeitsplatzexport nach China und Asien über die Jahrzehnte hinweg und die mit der Finanzkrise einher-gehende Bankenrettung haben entscheidend zur Delegi-timierung der alten Eliten beigetragen. Die Verursacher und Profiteure der Finanzkrise wurden nicht zur Re-chenschaft gezogen, während Main Street Wall Street mit Milliarden an Steuergeldern retten durfte!

Donald Trump, was immer man von ihm halten mag, hatte als Einziger in dem weiten Kandidatenfeld der Republikaner und später dann, bei den Präsidentschaftswahlen gegen Hillary Clinton, den politischen Instinkt für die Wut, die sich unter der weißen Wählerschaft in den Weiten der amerikanischen Provinz aufgebaut hatte, machte sich zu deren Sprecher und nutzte sie für seinen überraschenden Wahlsieg. Er war gerade deshalb zum Hoffnungsträger dieser Wählerschicht aufgestiegen und von ihr gewählt worden, weil er das Establishment in den beiden großen Parteien und in den Medien, auch den dazugehörigen imperial-liberalen Konsens der Eliten, wie er sich nach dem Zweiten Weltkrieg und im Kalten Krieg entwickelt hatte, radikal infrage stellte und zu beenden versprach.

Trumps Wähler waren der seit dem Ende des Zweiten Weltkriegs anhaltenden globalen Führungsrolle der USA und auch jener mühevollen Balance unter allen Präsidenten zwischen internationalistischen Idealen und den nationalen und imperialen Interessen in der US-Politik müde. Sie waren der Meinung, dass dieser Konsens der imperialen Elite zu ihren Lasten ging, und wollten eine eindeutige Entscheidung zugunsten ihrer Interessen. Amerika sollte auch weiterhin stark sein, stärker als jeder denkbare Rivale, aber eben kein globaler Hegemon mehr, auch nicht mit all den Folgekosten, die eine solche hegemoniale Rolle mit sich brachte. Zumindest war und ist dieser Teil der amerikanischen Wählerschaft nicht mehr bereit, den Preis für die globale Führungsrolle ihres Landes zu zahlen und in den Erhalt des internationalen liberalen Systems, wie es die USA seit 1945 geschaffen hatten, weiterhin zu investieren.

Genau dieses Versprechen bekamen sie von Donald Trump. Er kandidierte mit einem offen nationalistischen Wahlprogramm: »America first!«, ein politischer Slogan, der in den 30er-Jahren des 20. Jahrhunderts von amerikanischen Faschisten, radikalen Isolationisten und Sympathisanten Nazi-Deutschlands verwandt wurde. Trump ist gegen das »System« angetreten und hat gegen alle Vorhersagen und gegen das System gewonnen.

Und nichts spricht dafür, dass er mittels eines Kompromisses mit dem System eine Chance auf Erfolg hätte. Ganz im Gegenteil würde dieser Weg für ihn in die sichere Niederlage führen, denn das System wird ihn nicht akzeptieren. Nur wenn er die Unterstützung seiner Wähler in der traditionellen Arbeiterklasse und in der Provinz, vor allem in den Südstaaten der USA, bewahren kann, hat er Aussicht auf Erfolg. Daher spricht wenig bis gar nichts für einen Kompromiss oder gar ein Einlenken seinerseits. Gewiss, Trump wird in der Auseinandersetzung mit dem System und seinen Institutionen zu einer gewissen taktischen Flexibilität gezwungen werden, aber strategisch wird er an seinem nationalistischen Kurs festhalten und so den Charakter des Landes, dessen Außenpolitik und globale Führungsrolle radikal verändern.

Sein zweiter erfolgreicher Slogan lautete: »Make America great again!« Es war das Versprechen, dass es mit ihm ein Zurück in die glücklichen Zeiten amerikanischer Vorherrschaft geben würde, als Amerikas wirtschaftliche Stärke noch auf Kohle, Stahl und Öl gründete, als der amerikanische Arbeiter noch im Zentrum des politischen und öffentlichen Interesses stand und nicht »Identitäten«, nicht ethnische oder sexuelle Minderheiten, als die Geschlechterarbeitsteilung noch klar definiert war, niemand vom Klimawandel sprach und überhaupt die amerikanische Gesellschaftsordnung auf der anerkannten Vorherrschaft der weißen Männer beruhte.

Dass es in der US-Politik radikal nationalistische und isolationistische Strömungen innerhalb wie außerhalb der beiden großen Parteien gab, war nun keineswegs ein neues Phänomen. Bisweilen waren diese Strömungen durchaus erfolgreich und vermochten breite Massen zu mobilisieren, auch an der Wahlurne. Aber noch niemals vor Donald Trump war es einem Kandidaten, der auf einer explizit nationalistischen und isolationistischen Plattform zu den Präsidentschaftswahlen angetreten war, in jüngerer Zeit gelungen, auch das Zentrum der Macht, das Weiße Haus, zu erobern.

Der amerikanische Präsident ist in der Innenpolitik eher schwach, da er dort auf ein fein gesponnenes Netz von »checks and balances« in einem bundesstaatlichen System trifft, welches die Macht des Präsidenten erheblich beschränkt. Ganz anders ist es jedoch in der Außenpolitik. Dort verfügt der US-Präsident über weitgehende Machtbefugnisse, insofern wird der Wahlsieg von Trump vor allem dort seinen Niederschlag finden. Die amerikanische Außenpolitik war, seit dem Eintritt des Landes in den Ersten Weltkrieg im Jahr 1917 unter Präsident Woodrow Wilson, immer in sich widersprüchlich gewesen. Einerseits kämpften die USA für idealistische Ziele wie Freiheit und Demokratie, andererseits waren sie aber immer auch stark ihren Interessen und der Realpolitik verpflichtet und verfolgten höchst eigennützige, ja seit dem Ende des 19. Jahrhunderts auch imperialistische Ziele (Kuba, Philippinen). Mittels dieser ganz spezifischen US-amerikanischen Mischung von Idealismus und Realismus war es den USA gelungen, zu dem mächtigsten Staat der Geschichte aufzusteigen und eine liberale politische und wirtschaftliche Weltordnung zu schaffen, die zumindest im nordatlantischen Raum und in Teilen Ostasiens beispiellosen Wohlstand und Sicherheit über viele Jahrzehnte hinweg garantiert hat.

Wenn sich die USA nun unter Trump ernsthaft daranmachen, sich von ihrer globalen Führungsrolle, deren Mühen und Lasten und ihrer ganz spezifischen strategischen Ambivalenz zwischen Internationalismus und Nationalismus zu verabschieden – zugunsten einer überwiegend auf einen engen Egoismus von sehr kurz gefassten nationalen Interessen basierenden Rolle –, so wird ein solcher Schritt sehr ernste Auswirkungen für die Stabilität des internationalen Systems und für die Zukunft des Westens insgesamt haben. Im Klartext: Sollte die US-Außenpolitik unter Trump zum Risikofaktor werden, dann wird das gesamte System nicht mehr funktionieren. Eine Jahrzehnte währende, erfolgreiche Ordnung würde dadurch ohne wirkliche

Not zum Untergang verdammt, denn es ist weit und breit keine andere Macht sichtbar – nicht China, nicht Indien, nicht Europa und nicht Russland –, die in der Lage wäre, gegenwärtig die globale Rolle der USA zu übernehmen und in deren sehr große Schuhe als globale Ordnungsmacht zu schlüpfen. Gewiss, China wird es versuchen, und man wird sehen, ob es im 21. Jahrhundert eine globale Weltordnung zu errichten und zu garantieren vermag.

Die Konsequenz einer solchen Entwicklung für das globale Staatensystem ist daher recht einfach zu benennen: erhöhte Instabilität und Unberechenbarkeit durch ein länger anhaltendes Führungsvakuum. Stabilität und Berechenbarkeit des gesamten Systems werden durch einen solchen Systemwechsel verloren gehen, und das in einer hoch vernetzten Welt mit über 7 Mrd. Menschen und anhaltenden thermonuklearen und global anwachsenden pandemischen Risiken. Hinzu kommen die globalen Herausforderungen, die sich aus einer zunehmend überlasteten Umwelt und der Klimakrise ergeben. Dies ist alles andere als eine beruhigende Aussicht.

Sehr schwerwiegend werden die Folgen der Wahl von Donald Trump für den Westen selbst sein: Denn wenn die westliche Führungsmacht sich aus ihrer Rolle verabschiedet, was sie ganz offensichtlich beabsichtigt, dann wird dieser Westen sehr kurzfristig vor die Existenzfrage gestellt werden.

Was ist unter dem Westen zu verstehen? »Nicht nur

Bücher, auch Begriffe haben ihre Schicksale. Der Begriff › Westen ‹, wenn er politisch oder kulturell gemeint ist, macht da keine Ausnahme: Er hat zu unterschiedlichen Zeiten Unterschiedliches bedeutet«, schreibt Heinrich August Winkler gleich zu Beginn seiner monumentalen »Geschichte des Westens«.[8] Ursprünglich eine geografische Richtungsangabe, wurde diese in Europa seit den Perserkriegen im antiken Griechenland des 5. vorchristlichen Jahrhunderts und später mit der Teilung des Römischen Reiches in Ost und West, verstärkt noch über dessen historisches Ende hinaus durch die westöstliche Kirchenspaltung des christlichen Europas, als identitätsversichernder Abgrenzungsbegriff gegenüber dem Osten verwendet. »Abendland« (Orient) und »Morgenland«(Okzident) bilden das ältere Begriffspaar, das sich nicht nur an Himmelsrichtungen orientiert, sondern am täglichen Lauf der Sonne. Der Begriff des »Abendlandes« ist im Gegensatz zu dem moderneren Begriff des Westens zudem politisch, kulturell und historisch sehr viel eher mediterran begründet, während der moderne Begriff des Westens ursprünglich die nordwesteuropäischen Nationen und Reiche meinte, um dann spätestens mit dem Eintritt der USA in den Ersten Weltkrieg den gesamten nordatlantischen Raum zu umfassen: »Euramerica« oder auch »Imperium Anglosaxonicum«[9], wie der deutsche Historiker Ludwig Dehio den transatlantischen Westen in den 50er-Jahren des 20. Jahrhunderts zutreffend genannt hatte.

Deutschland, in der Mitte des europäischen Kontinents gelegen und politisch eine »verspätete Nation«[10], hatte bis zum Ende des Zweiten Weltkriegs Schwierigkeiten damit, sich eindeutig dem Westen zuzuordnen, sondern sah sich gewissermaßen als Weltkind in der Mitte in einer Sonderrolle, als Mittler oder gar schwankend zwischen Ost und West. Dieser Selbstdefinition entsprach die objektive Interessenlage des jungen deutschen Reichs nach 1871, denn der Westen, das waren vor allem die alten europäischen Großmächte Großbritannien und Frankreich, die Garanten des Status quo, den das aufstrebende Deutsche Reich ja gerade im Begriff war, über den Haufen zu werfen, um sich so seinen »Platz an der Sonne«[11] zu sichern.

Erst nach der völligen Niederlage und der Teilung Deutschlands 1945 entschied sich Westdeutschland unter der Führung Konrad Adenauers und seiner CDU für eine Politik der Westbindung, d.h. einer unzweideutigen und dauerhaften Verankerung Deutschlands im Westen[12] – das hieß, Schluss zu machen mit jeglicher Illusion von einer deutschen Sonderrolle zwischen Ost und West. Diese historische Richtungsentscheidung war vor allem auch eine normative und politische Systementscheidung gewesen, die vor dem Hintergrund der Westverschiebung Deutschlands (Verlust von einem Drittel des früheren Reichsgebietes im Osten und Millionen von Flüchtlingen und Heimatvertriebenen) und durch die deutsche Teilung im Rahmen des Kalten Krieges möglich wurde. Für Adenauer war die Westintegration Deutschlands damals wichtiger als die staatliche Einheit, weil er um die historische Bedeutung dieses Schrittes für Deutschland nach zwei verlorenen Weltkriegen, die er selbst als Zeitzeuge miterlebt hatte, wusste.

Geburtsstunde und Geburtsort dessen, was wir heutzutage mit großer politischer Selbstverständlichkeit »den Westen« nennen, war der 12. August 1941. In Placentia Bay an der Küste Neufundlands trafen sich der britische Premierminister Winston Churchill und der amerikanische Präsident Franklin D. Roosevelt – die USA waren noch nicht in den Zweiten Weltkrieg eingetreten –, um dort auf einem britischen Kriegsschiff die sogenannte »Atlantik Charta«[13] zu verhandeln , die eine gemeinsame Prinzipienerklärung der beiden angelsächsischen Nationen für eine Weltordnung nach der »endgültigen Zerstörung der Nazi-Tyrannei«[14] und dem Ende des Zweiten Weltkriegs war. Auf diesen Prinzipien beruhten später auch die Vereinten Nationen, und noch später, mit dem Beginn des Kalten Krieges, trugen sie zur Gründung des transatlantischen Verteidigungsbündnisses NATO bei. Der moderne Begriff des Westens war also von Beginn an transatlantisch, seine beiden Gründungsnationen waren die USA und Großbritannien, und er hing ebenso von Anfang an von der Sicherheitsgarantie der USA für Europa (ursprünglich Westeuropa) ab. Dies gilt bis auf den heutigen Tag, denn Europa konnte sich damals nicht allein gegen die sowjetische Bedrohung verteidigen und ist auch heute zur Selbstverteidigung nicht wirklich in der Lage, sollte es tatsächlich einmal gefährlich werden.

31

Die normativen Grundlagen des transatlantischen Westens waren die der Aufklärung und der amerikanischen Revolution – Freiheit, Demokratie, Gewaltenteilung und die Herrschaft des Rechts – sowie als ökonomische Grundlage freier Handel und Marktwirtschaft und eine eindeutige Gegnerschaft gegenüber den kommunistischen Systemen. Bei der Ablehnung prowestlicher autoritärer Regime oder gar Diktaturen war man damals allerdings sehr viel gnädiger und weniger prinzipienfest, solange eine solche Haltung in die westliche Interessenlage während des Kalten Krieges passte.

Wenn nun in der Gegenwart ausgerechnet die beiden Gründungsnationen des modernen Westens an ihrer weiteren Unterstützung für diesen Westen Zweifel aufkommen lassen oder sogar, wie im Falle Donald Trump geschehen, expressis verbis das nordatlantische Bündnis als »obsolet« bezeichnen, so wirft das sofort die Frage nach der weiteren Gültigkeit der amerikanischen Sicherheitsgarantie für Europa und mit ihr auch die Frage nach der Zukunft des Westens auf. Diese Frage hatte sich in den vergangenen Jahrzehnten so noch niemals gestellt, und allein diese Tatsache zeigt, auch wenn Trump den Begriff »obsolet« zurückgenommen hat, welche dramatischen, ja historischen Veränderungen sich in den Tiefenschichten des transatlantischen Westens vollzogen haben. Für Europa muss daher die Wahl von Donald Trump ein Weckruf sein, dass es vorbei ist mit der Selbstverständlichkeit eines transatlantischen Windschattenfahrens, an das sich die Europäer über die Jahrzehnte hinweg so sehr gewöhnt hatten, weil es allzu bequem war. Die USA führten, waren demnach für die gemeinsame Sicherheit und auch deren schmutzige Seiten zuständig, wurden in Europa dafür gerne und oft kritisiert in dem Wissen, dass die Cousins von der anderen Seite des Atlantiks da sein werden, sollte es jemals ernst werden. Die Zeit, in der diese transatlantische Solidarität wie selbstverständlich galt, ist dahin und wird auch nach Trump nicht wieder zurückkehren.

Europa ist, anders als Nordamerika, keine kontinentale Insel, geschützt von zwei großen Ozeanen, sondern es ist der westlichste Teil der riesigen eurasischen Landmasse, es wird daher immer in dem Widerspruch zwischen seiner maritim atlantischen Ausrichtung Richtung Westen und seiner kontinental eurasischen, Richtung Osten gehenden Orientierung stehen. In kaum einem anderen großen europäischen Land ist dieser Widerspruch bis auf den heutigen Tag so sehr spürbar wie in jenem großen Land in der europäischen Mitte, in Deutschland. Alles, was den transatlantischen Westen schwächt, wird daher die Debatte über eine neue strategische Orientierung Europas (oder auch nur Deutschlands und einiger kleinerer zentraleuropäischer Staaten) Richtung Osten verstärken. Dabei wird es im 21. Jahrhundert weniger um Russland gehen als vielmehr um China, das mit seinem riesigen Binnenmarkt und strategischen Initiativen wie der »neuen Seidenstraße« nicht nur seine zentralasiatische Nachbarschaft im Auge hat, sondern langfristig auch neue Partnerschaften (und, so möglich, auch Abhängigkeiten) mit Europa aufbauen will. Wenig spricht gegen eine solche Initiative und vieles dafür, wenn es China mit einem starken, strategisch denkenden und handelnden Europa zu tun haben wird. Für ein schwaches Europa aber wird dies der Weg in neue Abhängigkeiten bedeuten, die ihren Preis haben werden. Auch und gerade um diese langfristigen Fragen geht es also bei der Frage nach der Zukunft des Westens.

Sicherheitsgarantien leben davon, dass sie von Freund und Feind ernst genommen werden. Wird diese Wahrnehmung in Zweifel gezogen, so verlieren sie ihren Wert. Genau dies aber ist unter Donald Trump geschehen. Auch wenn es dann später wieder hieß, die NATO wäre doch nicht obsolet, der Schaden war schon entstanden. Ehrlicherweise muss man hier unterstreichen, dass Großbritannien mit dem Brexit nicht seine NATO-Verpflichtungen infrage gestellt hat, gleichwohl aber die EU und damit einen wesentlichen Bestandteil des modernen Westens geschwächt hat, der seit den Verträgen von Rom 1957 als spezifisch europäischer Beitrag hinzugekommen war.

Die Wahl Trumps hat noch sehr viel weiter gehende Konsequenzen, denn dieser US-Präsident stellt nicht nur die amerikanische Sicherheitsgarantie für Europa infrage, sondern auch eine weitere Grundlage des transatlantischen Westens, den freien Welthandel. Beides aber sind für Europa tragende Pfeiler, die nicht nur seinen Wiederaufstieg während des Kalten Krieges ermöglicht haben, sondern bis zum heutigen Tag für den

Fortbestand seiner Demokratien und Marktwirtschaften, ja seiner Freiheit und seines Wohlstandes unverzichtbar sind. Das gilt ganz besonders für Deutschland.

Bei näherer Betrachtung sind das Referendum in Großbritannien und die Wahl von Donald Trump in den USA der Ausdruck einer tiefen Krise des *anglo-amerikanischen* Wirtschafts- und Sozialmodells mit seinem übergroßen Reichtumsgefälle, seiner Aversion gegen den Ausbau des Sozialstaats und einer Überbetonung des freien Marktes in einer Wettbewerbsgesellschaft. Hinzu kommt eine sehr ernste Vertrauenskrise gegenüber den Eliten, die in beiden Ländern bis auf den Irakkrieg von 2003 und auf die Finanzkrise von 2008 zurückgeht. Diese Krisen drohen dem, was »der Westen« heißt, einen vielleicht finalen Stoß zu versetzen, da kaum zu sehen ist, wie der transatlantische Westen ohne Großbritannien und die USA wird überdauern können. Kontinentaleuropa und die EU allein werden dies nicht zu leisten vermögen, auch wenn es so aussieht, als wenn es der letzte Rückzugsraum dessen sein wird, was politisch und normativ einmal »der Westen« genannt wurde.

Mit dem Brexit und der Wahl Trumps rückte zudem plötzlich ein Albtraumszenario vom parallelen Scheitern der EU insgesamt und dem Untergang des Westens in den Bereich der akuten Möglichkeiten, denn es stand in diesem Schicksalsjahr 2016/17, zu dem es sich aus europäischer und westlicher Sicht mittlerweile entwickelt hatte, noch eine dritte große Entscheidung an, die Präsidentschaftswahlen in Frankreich im Frühjahr 2017.

In Frankreich hatte die Vertreterin des rechtsradikalen, nationalistischen Front National, Marine Le Pen, nach mehreren enttäuschenden Präsidentschaften in der jüngeren Vergangenheit des Landes, nach einer anhaltenden Wirtschaftskrise seit der globalen Finanzmarktkrise 2008, einer Identitätskrise, die auf das Engste mit der Zuwanderung vor allem aus Afrika und Nordafrika verknüpft war, und einer allgemeinen Niedergangsstimmung echte Chancen auf einen Wahlsieg bei den anstehenden Präsidentschaftswahlen. Hinzu kam noch der Beschäftigungs- und Finanzierungsskandal um die Ehefrau des Kandidaten der Gaullisten. Le Pen vertrat ausdrücklich antieuropäische, ausländerfeindliche, eng nationalistische Positionen, vorneweg der Austritt aus dem Euro mittels einer Volksabstimmung, was im Falle ihres Erfolgs zum Zusammenbruch der Gemeinschaftswährung und in der Folge davon auch des gemeinsamen Marktes und der Union geführt hätte. Le Pen verhieß für den Fall, dass sie in den Élysée-Palast einzöge, nichts weniger als das Ende der Union, den Abschied von sechs Jahrzehnten erfolgreicher europäischer Integration und den Rückfall Europas in die Ära des Nationalismus.

Damit wäre es mit der EU, dem gemeinsamen Markt und der Einheitswährung vorbei gewesen, denn im 21. Jahrhundert und im Zeitalter der Globalisierung und des Aufstiegs Asiens würde Europa kaum noch eine zweite Chance bekommen. Die Machtkämpfe der großen europäischen Mächte im 19. und 20. Jahrhundert waren für die gesamte Welt von entscheidender Bedeutung gewesen, weil die Europäer damals noch die Welt beherrschten, und deswegen wurden ihre Kriege um die Vorherrschaft auf ihrem Kontinent auch zu Weltkriegen. Der gegenwärtige europäische Neonationalismus verfügt dagegen über einen defensiven und nicht mehr expansionistisch offensiven Charakter. Der Neonationalismus in Europa erweist sich als ein Nationalismus alter Menschen, die, außer ihrer Ruhe, sonst nichts mehr wollen. Er ist auf Abschottung ausgerichtet und sehnt sich deshalb vor allem nach einem golden besonnten Gestern. Dorthin träumt man sich zurück, aber diesen frommen Wünschen und Träumen des Neonationalismus steht die Realität der Gegenwart und vor allem der Zukunft entgegen. Er ist deshalb Ausdruck des europäischen Niedergangs und würde, so er sich durchsetzte, lediglich in anhaltender Selbstbeschäftigung mit den tradierten europäischen Konflikten und gegenseitigen Vorurteilen enden, dadurch Europa weiter dramatisch schwächen und dessen Niedergang nur noch beschleunigen und vertiefen. Für Europa liegt seine Zukunft gewiss nicht in seiner Vergangenheit.

Wer die entscheidenden Tage und Wochen während der französischen Präsidentschaftswahlen 2017 bewusst miterlebt hat, der konnte sich nur wundern, wie ruhig es angesichts der möglichen fatalen Konsequenzen an der politischen Oberfläche geblieben ist. Denn ein Ende des Euro und der EU – und genau dies hätte ein Wahlsieg Le Pens bedeutet (ebenso wie die Wahl des Kandidaten der radikalen Linken, Mélenchon) –

hätte angesichts des absehbaren Kollapses des Euro eine globale Krise ausgelöst. Zwar gab es bei den Parlamentswahlen in den Niederlanden und bei den Präsidentschaftswahlen in Österreich bereits erste Hinweise, dass die neuen Nationalisten auch in Frankreich unterliegen könnten, aber dies war alles andere als gewiss.

Mit der Wahl Emmanuel Macrons zum Präsidenten der französischen Republik, der mit einer proeuropäischen, ökonomisch und sozial reformorientierten Plattform antrat, ging diese absehbare Katastrophe noch einmal gerade so an Europa vorüber, und das Jahr 2016/17 endete schließlich doch nicht als annus horribilis für den alten Kontinent. Es erfolgte eben nicht der Abgesang auf die EU, Europa ist noch einmal knapp an der großen Katastrophe vorbeigeschrammt, der Komet hatte nicht eingeschlagen. Es sollte bei Brexit und Trump bleiben, und insofern wird die Frage nach der Zukunft Europas bis auf Weiteres vertagt.

Die Frage ist aber keineswegs abschließend beantwortet und erledigt. Man sollte sich keine Illusionen machen, denn wenn die EU ihre Probleme nicht endlich anpacken und Emmanuel Macron mit der Reform Frankreichs und Europas nicht erfolgreich sein wird, dann wird die Gefahr einer Zerstörung Europas durch einen nationalistischen Wahlsieg in Frankreich spätestens 2022 zurückkehren. Zudem ist eines bereits heute gewiss: Allzu oft wird sich ein solches Jahr in Europa nicht wiederholen dürfen, ohne dass es zu einer sich selbst erfüllenden Prophezeiung kommt. Europa wird die erneute Chance, die es in diesem Jahr erhalten hat, nutzen müssen und nicht in kleinkariertem Interessenhader vertändeln dürfen, wie nach dem Ende des Kalten Krieges geschehen. Damals wurde die Chance zur europäischen Einheit vertan, zu der die Völker im Überschwang der großen Emotionen nach dem Fall des Eisernen Vorhangs und der kommunistischen Diktaturen bereit waren. Die europäischen Staatsmänner waren es leider nicht, und dafür bezahlt Europa gegenwärtig einen hohen Preis, unter anderem durch die Rückkehr des Nationalismus, jener dunklen Seite der Vielfalt der europäischen Völkerfamilie.

# Im Übergang – zwischen der Welt von gestern und der Welt von morgen

In diesem Jahr 2016/17 wurde es auch für den alten Westen definitiv ernst mit dem Übergang in das 21. Jahrhundert. Der Westen sah sich als den finalen Sieger des 20. Jahrhunderts mit seinem Triumph im Kalten Krieg, und deshalb verwundert es nicht, dass er so lange mental an dem vergangenen Jahrhundert festgehalten hat, an dem Denken aus der Zeit des Kalten Krieges, an dessen Stabilität und an seiner damals noch vorhandenen globalen Vorherrschaft. Theoretisch wusste man zwar seit Langem, dass die Realität dem nicht mehr entsprach, aber diese Vergangenheit schien einfach sehr viel schöner als eine garstige Zukunft. Umso mächtiger hämmert diese jetzt gegen die westliche Tür, gerade im Jahr 2017, in dem der Unterschied zwischen dem Selbstbild und der harten Realität beinahe mit den Händen zu greifen war: Das – amerikanische – 20. Jahrhundert geht vor unseren Augen zu Ende, und das 21. bringt eine neue globale Ordnung hervor – mit einem ebenfalls neuen globalen Zentralakteur, nämlich China. Dieser Umbruch wird jetzt für uns Zeitgenossen auch praktisch und im Alltag mehr und mehr erlebbar. Wir alle sind gewissermaßen Zeugen einer Zeitenwende aus der Innensicht, die sich noch über einen längeren Zeitraum hinweg erstrecken wird. Wir wissen zwar, wann diese Zeitenwende begann, nämlich in der Nacht des 9. November 1989 mit dem Fall der Berliner Mauer, und dass die Welt, die sie hervorbringen wird, sich in ihren wesentlichen Elementen von der Welt des 20. Jahrhunderts unterscheiden wird. Wir wissen aber nicht, wann und wie diese Übergangszeit enden wird. Dieser Zeitenwende – man könnte sie der Einfachheit halber auch einfach »Geschichte« nennen (so viel zu der These von deren Ende!) – fielen 1991 die Sowjetunion und ihr östlicher Machtblock zum Opfer und sie droht jetzt ebenfalls, mit achtundzwanzigjähriger Zeitverzögerung, den Westen zu verschlingen. Die Sowjetunion kollabierte, der Westen hingegen steigt ab, Schritt für Schritt.

Zu Beginn des 21. Jahrhunderts haben sich auch völlig unerwartet die Grüfte der westlichen politischen Ideologien der vergangenen zwei Jahrhunderte geöffnet, und heraus stieg einer der schlimmsten Nachtmahre des Westens, nämlich ein engstirniger Nationalismus. Was sind nun die Ursachen für diesen offensichtlichen Selbstzerstörungstrieb des Westens? Denn genau darum handelt es sich bei dem neuen Nationalismus. Woher kommt diese greifbare Angst, die zu einem Rückzug auf sich selbst in Gestalt eines neuen Nationalismus in der westlichen Welt führt? Weshalb dieses »Grenzen zu«, »Zugbrücken hoch« und den Kopf in den Sand stecken und von einer glorreichen oder auch weniger glorreichen Vergangenheit träumen, anstatt sich mit den Herausforderungen der Welt von morgen auseinanderzusetzen? Der alte westliche Nationalismus war, wie erwähnt, expansiv und aggressiv nach außen gerichtet, zielte auf die Eroberung der Welt. Der neue westliche Nationalismus hingegen blickt zurück, möchte sich der überkommenen Identitäten versichern und sehnt sich folgerichtig nach Abschottung vom Lauf der Welt, ist also eher angst- als aggressionsgetrieben, zielt auf Verlustängste und folgt nicht Eroberungsfantasien, ist also sehr viel mehr der Ausdruck einer realen oder auch nur vermeintlichen Schwäche und nicht von Stärke, wie es in den Zeiten des alten westlichen Nationalismus der Fall war, als die Europäer noch die Welt beherrschten.[15]

Es fällt bei genauerer Betrachtung der aktuellen Entwicklung sofort auf, dass viele der Trends, die seit Jahren, ja Jahrzehnten in einem mehr akademischen Umfeld theoretisch diskutiert wurden und ansonsten wohlverwahrt in dicken Büchern ruhten, nun offensichtlich die Ebene der praktischen Politik und des Alltags erreicht haben. Nirgendwo wurde dies sinnfälliger als mit der europäischen Flüchtlingskrise ab dem Jahr 2015. Über Jahre hinweg wurden die Fluchtursachen – Bürgerkriege, Armut, Unterdrückung – in den armen Ländern und Regionen in der europäischen Nachbarschaft im Nahen und Mittleren Osten und in Afrika diskutiert und beschrieben und auch die These formuliert, dass es nur eine Frage der Zeit sei, bis diese Konflikte zu einer Massenemigration in Richtung Europa führen müssten. 2015 war es dann so weit. Europa sah in den Abendnachrichten des Fernsehens die langen Schlangen syrischer Flüchtlinge an seinen Grenzen und musste erkennen, warum für uns der Nahe Osten anders heißt als für Amerikaner – sie nennen dieselbe Region »Middle East«. Aus amerikanischer Perspektive ist der »Nahe Osten« der große Atlantik und dann kommt erst noch Europa, und dann erst … Die Geografie macht hier den Unterschied aus, denn von Syrien kann man notfalls zu Fuß bis in das Zentrum Europas gelangen, wie im Jahr 2015 geschehen und bewiesen.

Dieselbe Erfahrung gilt auch für den zumindest relativen wirtschaftlichen Abstieg der westlichen Volkswirtschaften im Verhältnis zu China und Asien, der mittlerweile nicht mehr nur die Kommentare in den Medien und die entsprechenden Lehrstühle an den Universitäten interessiert, sondern jenseits der Handelsstatistiken[16] für eine breitere westliche Öffentlichkeit auf beiden Seiten des Atlantiks erfahr- und erlebbar wird. Die abstrakte These vom Transfer von Macht und Reichtum von West nach Ost, vom alten Westen nach Ostasien, ist heutzutage eben nicht mehr nur abstrakt, sondern sehr konkret geworden, dringt zunehmend in die westliche Alltagserfahrung ein und wird damit politisch.

Auch die sehr alte akademische Debatte über die Folgen der Demografie und Überalterung der westlichen Gesellschaften hat den akademischen Raum verlassen und ist im Alltag nicht mehr zu übersehen und zu ignorieren, mit erheblichen Folgen für den Arbeitsmarkt, das Gesundheitssystem und die Alterssicherung.

Das gilt ebenso für die Konsequenzen der Digitalisierung und der künstlichen Intelligenz, die im 21. Jahrhundert in den Wirtschaften und Gesellschaften der entwickelten Welt kaum einen Stein auf dem anderen lassen werden. Hinzu gesellt sich noch ein dramatischer innergesellschaftlicher Wandel, weg von alten Geschlechterhierarchien und -normen hin zu einer postmodernen Gesellschaft, die, zumindest im Westen, auf einem umfassenden Gleichheitsanspruch von ethnischen und sexuellen Minderheiten und der Gleichstellung der Geschlechter beruht. Die viel und heftig kritisierte »political correctness« ist lediglich der sprachliche Ausdruck dieser normativen Verschiebungen innerhalb der liberalen westlichen Gesellschaften und setzt sich trotz heftigster Kritik immer mehr durch. Allein diese Tatsache zeigt bereits die Massivität jenes innergesellschaftlichen Rollen- und Wertewandels, der nichts anderes als die Entthronung der dominanten patriarchalen Rolle des heterosexuellen Mannes meint. Und dieser fängt an, sich dagegen zu wehren, wie die jüngsten Wahlergebnisse in den USA und Europa gezeigt haben.

Politisch, wirtschaftlich, technologisch und sozial stehen die westlichen Gesellschaften unter einem hohen Veränderungsstress, der allerdings nicht mit Aufstiegshoffnungen, sondern mit Abstiegsängsten der alten, reichen, demografisch schwächelnden westlichen Gesellschaften verbunden wird und so noch mehr Stress und Ängste hervorbringt. Anders als noch zu Zeiten der Industrialisierung vollzieht sich der technologische und, davon abhängend, auch der soziale Wandel in einer rasenden Geschwindigkeit, die viele Menschen überfordert und wurzel-, ja seelisch heimatlos zu machen droht. Sie sehen ihre gewachsene Identität in Gefahr und reagieren entsprechend defensiv. Bedrohte Identitäten, oft gemeinsam mit ökonomischen Ängsten, formen im alten Westen mehr und mehr die politische Auseinandersetzung und bilden zugleich den Kraftquell des neuen Nationalismus.

Die jungen Menschen werden aufgrund der demografischen Entwicklung in den westlichen Gesellschaften in die Minderheit geraten, die Alten werden dominieren. Damit wird der Westen aber absehbar über ein »strukturelles Zukunftsdefizit« verfügen, was ihn gegenüber jüngeren, dynamischeren Gesellschaften benachteiligen wird, und er wird deshalb mehr und mehr defensiv ausgerichtet sein, entsprechend der Interessenlage der Mehrheit seiner alten Menschen, und vergeblich versuchen, das Erreichte zu bewahren. Gewiss, der Westen ist heute noch der wohlhabendste und entwickeltste Teil der Welt, aber wird dies auch noch morgen gelten? Die Europäer der Gegenwart haben vergessen, dass Europa nicht immer die Welt beherrscht hat und sie zu seinen Gunsten ausbeuten konnte. Armut und Hunger hatten den alten Kontinent über viele Jahrhunderte hinweg in ihrem brutalen Griff. Der Reichtum des gegenwärtigen Europas ist historisch gewachsen und kann auch wieder vergehen, wenn sich die Europäer nicht anstrengen, ihn zu bewahren.

Der Westen hat die Globalisierung zwar vor Jahrhunderten, im Grunde 1492, im Jahr von Kolumbus' großer Reise über den Atlantik, erfunden, die für ihn über eine lange Zeit hinweg große Vorteile bis hin zur Herrschaft über die Welt gebracht hat. In unserer Zeit aber wendet sich gerade der Lauf der Geschichte. Andere Weltteile, wesentlich ärmer und mit einer sehr viel größeren und meist jüngeren Bevölkerung als der Westen, hämmern an dessen Tür, fordern mit gleichem und gutem Recht ihren Anteil an Wohlstand und Macht ein und sind dabei, diese Forderungen im 21. Jahrhundert auch durchzusetzen.

Die globalen Basistrends sprechen einfach dafür: Im Jahr 1950 machten Europa und Nordamerika zusammen noch etwa 28 Prozent der Weltbevölkerung bei deren Gesamtgröße von 2,5 Mrd. Menschen aus. 2015 ist der Anteil von Nordamerika und Europa auf knapp 15 Prozent bei einer globalen Bevölkerung von rund 7,5 Mrd. Menschen gesunken, und 2050 wird der transatlantische Westen gerade noch knapp 12 Prozent bei einer Weltbevölkerung von etwa 9,8 Mrd. Menschen ausmachen (und dabei wird es sich, vor allem in Europa ohne Zuwanderung, um überwiegend alte Menschen handeln!). – Im Zeitraum von 1950 bis 2050 wird Asien stagnieren, während Afrika seinen Anteil an der Weltbevölkerung von etwa 9 auf über 25 Prozent steigern wird, und das werden überwiegend junge Menschen sein.

Veränderungsstress und Abstiegsängste haben in der Gegenwart auf beiden Seiten des Nordatlantiks begonnen, ein brisantes politisches Gemisch hervorzubringen, welches das in den vergangenen Jahrzehnten so überaus erfolgreiche liberale Wirtschafts- und Demokratiemodell und dessen internationalistische Ausrichtung zugunsten eines neuen Nationalismus und Protektionismus ersetzen könnte. Bei diesem neuen Nationalismus handelt es sich keineswegs nur um eine kurzfristige Krisenreaktion abstiegsbedrohter Gesellschaften, sondern er ist eng verknüpft mit mächtigen globalen Entwicklungstrends und wird deshalb auch nicht so schnell wieder verschwinden.

Ganz im Gegenteil zeichnet sich für die westliche Welt ein neuer, lang andauernder innerer Konflikt ab zwischen Nationalisten und Internationalisten, zwischen Vergangenheit und Zukunft, zwischen Verteidigung des Status quo oder dem Mut zur Neugestaltung des alten Westens unter den neuen Bedingungen des 21. Jahrhunderts. Und man mache sich da bloß keine Illusionen: Für die Internationalisten wird dies unter den Gegebenheiten von überalternden Gesellschaften und den objektiven Bedingungen und Trends, die allermeist gegen den Westen laufen, alles andere als eine einfache Sache werden, sondern ganz im Gegenteil eine schwere, bergaufwärts zu schlagende Schlacht, deren Ausgang keineswegs gewiss ist. Zwar haben die Neonationalisten nicht viel mehr zu bieten als die Ängste vor der Zukunft und die Sehnsucht nach einer kleinräumigen, überschaubaren Idylle à la Astrid Lindgrens Bullerbü, die Europa aber niemals war. Aber Ängste und Sehnsüchte sind Emotionen und deshalb politisch in ihrer Wirkungsmächtigkeit niemals zu unterschätzen. Von dem Ausgang dieser Schlacht zwischen Nationalisten und Internationalisten wird allerdings das Schicksal des Westens (oder dessen, was in Kontinentaleuropa von ihm geblieben ist) im 21. Jahrhundert abhängen.

Blickt man mit den Erfahrungen der vergangenen Jahrzehnte und mit dem heutigen Wissen auf die große Zeitenwende von 1989 zurück, so fällt auf, dass der Abstieg des Westens im Augenblick seines scheinbar größten Triumphes begonnen hat. Mit dem Ende des Kalten Krieges, dem Fall der Mauer in Berlin und der beinahe leisen Auflösung der Sowjetunion am 21. Dezember 1991 verschwanden nicht nur eine für unüberwindbar gehaltene Gesellschaftsordnung und eine nukleare Supermacht, die seit den späten Vierzigerjahren die Geschicke der Welt entscheidend mitbestimmt hatte, sondern es versank zugleich auch eine Weltordnung, die auf der thermonuklearen gegenseitigen Vernichtungsdrohung der beiden Supermächte in Ost und West gründete, über vier Jahrzehnte hinweg eine für Ost wie West gleichermaßen disziplinierende Wirkung hatte und so für die bleierne Stabilität des Kalten Krieges sorgte. Den Preis für diese Stabilität zahlten die Unterdrückten auf der östlichen Seite des Eisernen Vorhangs und die Opfer der »heißen« Stellvertreterkriege an der Peripherie der beiden großen Blöcke. Diese gegenseitige Abschreckung durfte niemals versagen, denn dann drohte angesichts der konventionellen, chemisch-biologischen und thermonuklearen Hochrüstung beider Seiten Armageddon, der Weltuntergang.

Diese, aus heutiger Sicht, alte Welt der Stabilität war durch die beiden Supermächte – USA und Sowjetunion – bipolar strukturiert, und alle anderen älteren oder regionalen Konflikte waren dieser bipolaren Ordnung unter- und nachgeordnet und eingebunden in die absolut vorrangigen Interessen der beiden Supermächte. Mit dem Fall der Mauer, demokratischen Wahlen überall in Osteuropa und 1991 mit der Entscheidung der russischen, ukrainischen und weißrussischen Präsidenten lösten sich die Sowjetunion und der östliche Block auf. Amerika und der Westen schienen die großen Gewinner des Kalten Krieges zu sein.

Die fortan alleinige Supermacht USA reagierte triumphalistisch, man sprach von einer »unipolaren« Weltordnung, die sich aber vor allem als eine unipolare Weltunordnung erweisen sollte. Die USA waren mit dieser Rolle als alleinige Supermacht ganz offensichtlich überfordert. Es fehlte das externe Gegengewicht, sodass die Leidenschaften und Ideologien, welche die US-Innenpolitik hervorbrachte, völlig ungebremst und ungezügelt auf die außenpolitischen Entscheidungen in Washington Einfluss nahmen. Spätestens mit der Präsidentschaft von George W. Bush fabulierten die mit ihm an die Macht gekommenen Neokonservativen nicht mehr nur theoretisch über die alleinige globale Macht der USA, sondern wollten diese nun auch zum Einsatz bringen und mittels der militärisch erzwungenen Demokratisierung des

Nahen Ostens die Welt verwestlichen. Das von ihnen dabei angerichtete Chaos hält bis heute diese Region und die Welt in Atem und hat durch die selbst für die USA nicht gewinnbaren Kriege im Zweistromland und in Afghanistan ganz entscheidend zu dem Sieg von Trump und der Frustration in weiten Teilen der Wählerschaft in den USA über die globale amerikanische Rolle beigetragen.

Die Europäer waren 1989 von den lange 75 Jahre währenden Kriegen und Umwälzungen auf ihrem Kontinent erschöpft, sie wollten im Westen des Kontinents nur noch ihre Ruhe und die unverhoffte Friedensdividende genießen und im Osten möglichst schnell einen erfolgreichen demokratischen und marktwirtschaftlichen Neuanfang. Diese Haltung der Europäer war auf dem Hintergrund ihrer Geschichte nur zu verständlich: Zwischen 1914 und 1989 gab es in Europa zwei Weltkriege und einen Kalten Krieg, Faschismus, Nationalsozialismus, Kommunismus, den Holocaust an den europäischen Juden und über ein halbes Jahrhundert hinweg die Teilung Europas und die gewaltsame Sowjetisierung Osteuropas. Ihre Sehnsucht nach Ruhe hatte allerdings einen Preis.

Francis Fukuyama traf damals im Westen den Nerv der Zeit mit seiner These »vom Ende der Geschichte«, vom endgültigen Sieg westlicher Demokratie und Marktwirtschaft und von ihrem nunmehr unaufhaltsamen globalen Siegeszug. Mit dem Triumph des Westens in der Systemkonkurrenz des Kalten Krieges hätten sich dessen Werte, dessen Demokratie und marktwirtschaftliches Modell alternativlos durchgesetzt, und fortan würde alle Welt sich in diese eine westliche Richtung entwickeln.[17]

Auf dem Hintergrund der grausamen europäischen Geschichte des 20. Jahrhunderts wirkte Fukuyamas These für die Europäer wie ein mächtiges Sedativum, während sie auf der anderen Seite des Atlantiks gerade gegenteilig wie ein Aufputschmittel wirkte. Beide Wirkungen führten jedoch zu einer verzerrten Wahrnehmung der Realität – weder lebten die Amerikaner auf dem Mars noch die Europäer auf der Venus[18], sondern sie hatten als transatlantischer Westen mit dem Verschwinden der bipolaren Welt ein gemeinsames Problem, das sie ebenso gemeinsam, wenn auch auf gänzlich unterschiedliche Art ignorierten. Man nahm in den westlichen Ländern nicht wahr, dass mit dem Verschwinden der tradierten bipolaren Weltordnung auch die Grundlagen des Systems der vermeintlichen Siegerseite erodieren würden. Denn tatsächlich sollte als Ergebnis des Epochenbruchs von 1989 etwas völlig Neues entstehen, eine neue Welt, die nicht mehr der des Kalten Krieges entsprechen und, wie wir heute wissen, auch die jahrhundertealte Vorherrschaft des Westens beenden würde.

Damals, im Jahr 1989, wurde der Westen zum Opfer seiner eigenen Ignoranz und Arroganz, denn es war nicht das Ende der Geschichte gekommen, sondern lediglich ein Kapitel der Geschichte war zu Ende gegangen, eine Weltordnung versank und ein langer Übergangsprozess hin zu der Welt von morgen hatte begonnen. Anders als in der Zeit des Übergangs mit dem Ende des Zweiten Weltkriegs und dem beginnenden Kalten Krieg hatte der 1989 noch dominierende Westen – jenseits der in Europa vorhandenen Bündnissysteme und Institutionen, die, wie NATO und EU, nach Osten erweitert wurden – nicht mehr die Kraft, eine wirklich neue globale Ordnung zu entwerfen und durchzusetzen, die den Bedürfnissen und der Vielgestaltigkeit des 21. Jahrhunderts gerecht werden konnte. Der Westen war weder politisch noch geistig auf diesen Übergangsprozess vorbereitet. Und dieser Befund gilt bis auf den heutigen Tag.

Dabei ist die Welt von morgen in der Gegenwart bereits in ihren Konturen sichtbar. Anders als die Welt von gestern wird sie im wahrsten Sinne des Wortes global vernetzt sein. Das heißt, Kommunikation in Echtzeit wird diese Welt, ganz anders als noch vor kurzer Zeit, miteinander verbinden. Und das gilt nicht nur für die Eliten, sondern auch für die Dörfer und Hütten der früher völlig isolierten, vom Weltgeschehen abgehängten Regionen der Schwellen- und Entwicklungsländer. Dem *Begriff* der Menschheit wird im 21. Jahrhundert zum ersten Mal eine Realität entsprechen. Dieselben Träume werden weltweit geträumt, dieselben Wünsche und vor allem die wachsende Kenntnis vom Rest der Welt werden einen entscheidenden Unterschied zwischen gestern und morgen ausmachen. Im Jahr 2015 war das wichtigste Instrument für die Flüchtlinge das Smartphone. Durch Mobiltelefone und Internet haben sich die Kommunikationsmöglichkeiten, das Wissen und im Gefolge davon auch der Marktzugang in den ländlichen Gegenden vieler armer Länder radikal verändert. Milliarden von Menschen werden nicht mehr von jenen Informationen ausgeschlossen sein, die für die Menschen im reichen Norden schon lange zu einer Selbstverständlichkeit geworden sind. Sie werden fortan wissen, wie die Welt aussieht, und vor allem, welche Möglichkeiten sie bietet. Angesichts dieser Entwicklung ist der Gedanke, dass sich die reiche Welt des Nordens abschotten könnte, bestenfalls naiv, wenn nicht gar absurd. Zugleich werden durch diese kommunikative Globalisierung neue politische Realitäten geschaffen, auf die das globale Staatensystem wird reagieren müssen. Eine neue, bisher nicht wirklich vorhandene Dimension der internationalen Politik zeichnet sich hier ab.

Die Welt von morgen wird auch nicht mehr von einem einzigen machtpolitischen und ideologischen Konflikt entlang der West-Ost-Achse, durch einen globalen Zentralkonflikt also, bestimmt werden, sondern durch eine Pluralität von Konflikten entlang der Nord-Süd-Achse. Dort findet ein Großteil der bewaffneten Konflikte in der Gegenwart statt, dort ereignen sich die großen humanitären Katastrophen. Ganz im Gegenteil sind nach dem Ende der politischen Vergletscherung tradierter Konflikte im Kalten Krieg zahlreiche eingefrorene ethnische, religiöse, ideologische und historische Konflikte wiederaufgetaucht und erneut virulent geworden, und sie verbinden sich jetzt mit den Interessenkonflikten zwischen den neu aufsteigenden und den absteigenden Großmächten des frühen

21. Jahrhunderts. Zudem sind neue, gefährliche Akteure entstanden, allesamt nicht staatlich, die mit dem Instrument des Terrorismus auf eigene Rechnung oder im Auftrag staatlicher Mächte, die im Hintergrund bleiben wollen, agieren.

Wurde die alte Welt durch eine klare Hierarchie bestimmt, durch die globalen Interessen der beiden Blöcke und Supermächte und durch die gegenseitige Vernichtungsdrohung und die von ihr erzwungene Stabilität, so wird die neue Welt durch einen Flickenteppich großer und kleinerer Mächte bestimmt werden, die alle ihre Interessen und Ambitionen verfolgen, ohne echte Machthierarchie und Kontrolle durch die Interessen der Weltmächte. Daraus wird viel an regionaler und internationaler Instabilität erwachsen. Diese wird mit schwer vorhersehbaren und gefährlichen Zufälligkeiten überraschen, die jederzeit die Gefahr bewaffneter Konfrontationen mit sich bringen können. Mehr Unordnung als Ordnung wird diese zukünftige Welt und vor allem jene lange Phase des Übergangs bestimmen.

Gewiss, die Gefahr eines Krieges zwischen nuklear bewaffneten globalen Großmächten ist nicht wirklich gestiegen, sondern im Vergleich mit dem Kalten Krieg eher gesunken. Aber unterhalb dieser Ebene beginnt es düster auszusehen. Die koreanische Halbinsel, das Südchinesische Meer, die Ränder des indischen Subkontinents, Afghanistan, der gesamte Nahe und Mittlere Osten zwischen dem Jemen und Syrien, Libyen, weite Teile Afrikas bieten dafür genügend Beispiele. Hinzu

kommt die Gefahr eines extrem destabilisierend wir-
kenden neuen nuklearen Wettrüstens durch die Weiter-
verbreitung von Atomwaffen durch kleinere und nicht
immer rational und verantwortlich agierende Mächte,
die in ihrer Nuklearisierung vor allem den Prestigege-
winn und eine Existenzversicherung für ihr Regime suchen. Der Albtraum, dass im Zuge dieser Proliferation
gar Terrorgruppen in den Besitz von Nuklearwaffen
kommen könnten, ist durchaus real. Diese Entwicklung kann zum Ende des NPT-Vertrags (Non Proliferation Treaty / Atomwaffensperrvertrag) führen, einer
tragenden Säule der gegenwärtigen Weltordnung, und
so diese fundamental in Richtung ihrer nuklearen Destabilisierung verändern.

In der Welt von morgen und vor allem in der heutigen Übergangsphase zeichnet sich jedoch auch eine
große, alle anderen potenziellen internationalen Konflikte überwölbende Frage ab: Wie friedlich wird sich
der Auf- und Abstieg neuer bzw. alter nuklearer Weltmächte im 21. Jahrhundert vollziehen oder wird die
Welt erneut in die sogenannte »Falle des Thukydides«
geraten, die besagt, dass der Aufstieg bzw. Abstieg von
großen Mächten selten friedlich verläuft?[19]

Thukydides war der Historiker im alten Athen, der
sich vor allem mit dem Peloponnesischen Krieg (431–
404 v. Chr.) zwischen der aufsteigenden Seemacht
Athen und der sich von diesem Aufstieg bedroht füh-
lenden Land- und Hegemonialmacht Sparta beschäftigt
hatte. »Der eigentliche Grund, dass so wenig von ihm
die Rede gewesen ist, war nach meiner Überzeugung

die Furcht der Lakedämonier vor der wachsenden Macht Athens, die sie zum Kriege trieb«, schrieb Thukydides gleich zu Beginn seiner »Geschichte des Peloponnesischen Krieges«[20]; d. h. die Angst des Hegemons vor der aufsteigenden Macht. Damit aber hatte sich, so Thukydides, die Falle geöffnet, die Athen und Sparta in einen fast drei Jahrzehnte währenden Krieg um die Vorherrschaft in Griechenland verwickeln sollte.

Freilich hat sich seit den Zeiten des Peloponnesischen Krieges manches geändert, vor allem mit der Nuklearisierung der großen Mächte. Krieg zwischen Atommächten, jenseits aller moralischen und humanitären Erwägungen, kann kein rationales Kalkül mehr sein, da die Kosten alle möglichen Gewinne bei Weitem übersteigen. Konkret heißt dies für unsere Zeit, dass die wichtigste Frage der internationalen Politik sein wird, wie friedlich sich der Aufstieg Chinas zur Weltmacht und die Wachablösung der USA im 21. Jahrhundert vollziehen werden. Wird das amerikanische Selbstbewusstsein den Status eines zweiten Platzes akzeptieren oder auch nur eine Teilung der Spitzenposition im globalen Staatensystem? Werden beide Mächte einer Politik der »Kooperation vor Konfrontation« verpflichtet bleiben? Wie kompatibel ist ein solcher Prozess mit einer Politik, die »America great again« machen möchte?

Der Weltfrieden und die Ausgestaltung der globalen Ordnung im 21. Jahrhundert werden stark von der positiven Beantwortung dieser Fragen beeinflusst werden. Man sollte jedoch die Emotionalität im Geschichtsverständnis der beteiligten Nationen, ihrer Eliten und den Einfluss der jeweiligen Innenpolitik nicht unterschätzen. Politik generell und schon gar Statusfragen sind nur zu geringen Teilen eine Frage der Ratio, was sich gerade in unseren Tagen am Beispiel Russlands sehr eindrücklich sehen lässt. Dessen Phantomschmerz über den verlorenen Supermachtstatus erklärt sehr viel besser die gegenwärtige russische Politik als so manch scheinbar rationales Kalkül.

Die Vereinigten Staaten von Amerika waren und sind nicht nur die mit weitem Abstand größte Macht in der Menschheitsgeschichte, sondern ihr Aufstieg zu dieser Rolle war das Ergebnis ihres Sieges in zwei Weltkriegen, der letzte fand dabei auf global weit auseinanderliegenden Kriegsschauplätzen – im Pazifik und in Ostasien gegen Japan und im Atlantik und in Europa gegen Deutschland – statt. Dieser Doppelsieg etablierte die USA nicht nur als Weltmacht, deren Einflusszone von der Elbe in westlicher Richtung bis Korea reichte, sondern führte in der Folge davon auch mit dem Ende des Zweiten Weltkriegs zum Aufbau einer amerikanischen Weltordnung im westlichen Herrschaftsbereich der bipolaren Welt – gewissermaßen eine Pax Americana, die aber partiell auch über die eigene Einflusszone hinausreichte, wie etwa die Gründung der Vereinten Nationen zeigt, eine amerikanische Idee, deren Gründung vor allem von den USA unter dem Präsidenten Roosevelt und seinem Nachfolger Truman betrieben wurde. Ebenso die bis heute existierenden und funktionierenden globalen Finanzinstitutionen wie

Weltbank und Internationaler Währungsfonds und auch der Vorläufer der heutigen Welthandelsorganisation, der GATT-Vertrag, zur Gewährleistung eines freien Welthandels. Überhaupt war der Wiederaufbau eines funktionierenden internationalen Finanzsystems in Bretton Woods, einem kleinen Ort im US-Bundesstaat New Hampshire, mit dem US-Dollar als Ankerwährung gegen Ende des Zweiten Weltkriegs von entscheidender Bedeutung für den Wiederaufbau der Weltwirtschaft nach dem Zweiten Weltkrieg.

Ein freier Welthandel mit dem Abbau von Zöllen und Tarifen und großzügige Hilfen seitens der USA für die vom Krieg zerstörten Staaten, vor allem in Europa durch den Marshall-Plan, kamen zu der militärischen Sicherheitsgarantie hinzu – anders als nach dem Ersten Weltkrieg zogen sich die USA diesmal aus Europa militärisch eben nicht zurück und verteidigten in Korea einen angegriffenen kleinen Partner und ihre Einflusszone. Wesentliche Elemente dieser Pax Americana existieren bis auf den heutigen Tag, sie wurde nach 1989 sogar auf den gesamten Globus ausgedehnt, aber die Kraft und Imagination der USA und des gesamten Westens reichten nicht mehr aus, eine ähnliche Anstrengung wie in den Vierzigerjahren zu unternehmen, um unter den Bedingungen der Welt nach der Blockkonfrontation und einer absehbar veränderten Machtverteilung eine neue globale Ordnung zu schaffen. Der Preis für dieses Unvermögen des Westens wird heute in Gestalt jener neuen Unordnung und ihrer Risiken im internationalen System nach und nach sichtbar.

Der Abschied der USA von einer globalen Führungs- und Ordnungsmachtrolle wird wohl zuerst und am schmerzlichsten auf dem Gebiet der nuklearen Proliferation gespürt werden, denn allein die USA, die erste Nuklearmacht der Menschheitsgeschichte, verfügen über das Bedrohungsbewusstsein, die wissenschaftlichen und technischen Fähigkeiten, inklusive einer ausgefeilten, den Globus umspannenden Satellitentechnik, und die geheimdienstlichen und diplomatischen Ressourcen, um den nuklearen Geist zumindest über einen längeren Zeitraum hinweg in der Flasche zu halten. Sollte die nukleare Nichtverbreitung scheitern, wofür angesichts der Atomkrise um Nordkorea manches spricht, so wird die Welt von morgen eine sehr viel gefährlichere sein, weil dann das Risiko eines Einsatzes von Nuklearwaffen dramatisch zunehmen wird.

Wie also werden die USA ihre Rolle jenseits der globalen Führungs- und Ordnungsmacht zukünftig definieren? Denn sie werden ja noch für längere Zeit militärisch die mit Abstand größte Weltmacht bleiben, nur eben keine selbstverständliche globale Ordnungsmacht mehr. Es ist dies eine Frage, deren Beantwortung für die Zukunft der globalen Ordnung von entscheidender Bedeutung ist. Daraus folgt aber, dass die anderen großen Akteure – vorneweg ihre Partner in Europa und Asien – alles daransetzen sollten, auch und gerade durch den Auf- und Ausbau ihrer militärischen Fähigkeiten, zu einer gerechteren Lastenteilung im Interesse der globalen und regionalen Ordnung zu kommen, um so die USA auch in Zukunft in die globalen ordnungspolitischen Verpflichtungen einzubinden, soweit und solange es irgend möglich ist.

Die bereits erwähnte triumphalistische Reaktion der USA auf das Ende des Kalten Krieges hat, vor allem unter dem zweiten Präsidenten Bush und unter dem Schock des Terrorangriffs vom 11. September 2001 auf New York City und das Pentagon in Arlington, Virginia, zu einer den Niedergang des Landes beschleunigenden Fehleinschätzung seiner tatsächlichen Kräfte und auch der Bereitschaft der USA, weitere Opfer zu ertragen, geführt. Während Amerika zwei Kriege in Afghanistan und Irak führte, senkte die Regierung von George W. Bush die Steuern, obwohl diese in Kriegszeiten aufgrund der höheren Ausgaben des Staates eher hätten erhöht werden müssen. Die Regierung von Präsident Bush ging noch von der optimistischen Kostenschätzung von 50 bis 60 Mrd. US-Dollar für den Irakkrieg aus. Tatsächlich dürften sich die Kosten nach amerikanischen Quellen auf drei Billionen US-Dollar belaufen. Die hohe amerikanische Staatsverschuldung ist unter anderem darauf zurückzuführen.

Zudem waren es Kriege, die Amerika nicht gewinnen konnte, weil sie als Guerillakriege eine Ausdauer und auch eine Bereitschaft zu menschlichen Opfern erforderten, die eine offene westliche Gesellschaft nur unter den Bedingungen einer tatsächlich existenziellen Bedrohung und einer umfassenden nationalen Mobilisierung zu leisten in der Lage ist. Auf der Grundlage von ideologisch-imperialen, im Falle Iraks tatsächlich aber vorgeschobenen, fabrizierten Gründen (Massenvernichtungswaffen) sind solche Kriege nicht durchhaltbar und müssen selbst für eine militärisch weit überlegene Macht in der Niederlage enden, wie schon zuvor für Frankreich in Algerien in den 50er- und für die USA in Vietnam in den 60er- und 70er-Jahren des vergangenen Jahrhunderts. Diese scheinbar endlosen, militärisch nicht zu gewinnenden Kriege wie im Irak und ihre enormen Kosten und auch Opfer an Soldaten, die vor allem aus dem Herzland der USA und aus der Unter- und Mittelschicht kamen, verstärkten dort, gemeinsam mit dem anhaltenden Verlust an Arbeitsplätzen und dem sozialen Abstieg dieser Regionen, den Eindruck eines allgemeinen Niedergangs der einstmals so stolzen, unbesiegbaren Supermacht USA, die im 20. Jahrhundert Hitlerdeutschland, das japanische Kaiserreich und die Sowjetunion in drei globalen heißen und kalten Weltkriegen besiegt hatte. Auf diesem Hintergrund wird die Attraktivität des Sounds von »Make America great again!« leicht verstehbar.

Präsident Obama hatte eingesehen, dass diese Kriege auf dem asiatischen Festland und auch zu Hause, in der US-Innenpolitik, nicht zu gewinnen waren und konsequenterweise den Rückzug der USA eingeleitet. Nur ist ein Rückzug alles andere als ein einfaches Unterfangen, zumal dann, wenn sich parallel dazu neue Katastrophen ereignen, wie in Syrien, und neue terroristische Bedrohungen wie der »Islamische Staat« auftauchen. Dann kann sich ein Rückzug schnell als übereilt erweisen und der Eindruck entstehen, wie unter Präsident Obama geschehen, dass eine geschlagene Supermacht –

wie nach Vietnam – ihre traditionelle Rolle des Sicherheitsgaranten für die befreundeten Regime im Nahen
und Mittleren Osten aufgibt. Wenn dann noch der alte
Rivale aus dem Kalten Krieg in dieser Region militärisch aktiv auftaucht und das eingetretene Vakuum zu
seinen Gunsten zu nutzen versteht, wie Putins Russland in Syrien, so wird der Eindruck von Niederlage
und Schwäche noch verstärkt. Parallel dazu gelang es
Präsident Obama zwar, ein hochvernünftiges Nuklearabkommen mit dem Iran gemeinsam mit den anderen
permanenten Mitgliedern des UN-Sicherheitsrats (plus
Deutschland und die EU), das einen nuklearen Rüstungswettlauf in der Region zumindest für eine längere
Zeit verhindert, abzuschließen und so die Beziehungen
zwischen den USA und Iran zu verbessern. Allerdings
verstärkte dies wiederum die Ängste unter den traditionellen Alliierten der USA, vor allem am Golf, in Saudi-
Arabien, den Vereinigten Arabischen Emiraten (VAE)
und in Israel, vor einem quasi Koalitionswechsel der
USA zugunsten Irans.

Das Zeitalter der Unipolarität, dominiert von der alleinigen Supermacht USA, sollte nur knapp drei Jahrzehnte währen. Diese Unipolarität trug aber ganz entscheidend zum Zerfall der von den USA nach dem
Ende des Zweiten Weltkriegs errichteten multilateralen
Weltordnung bei. Diese beruhte auf der sorgfältigen Balance zwischen amerikanischer globaler und westlicher
Führungsrolle und den nationalen Interessen, auf normativen Regeln und internationalen Institutionen und
einer hohen Autonomie der beteiligten kleineren Staa-

ten. Auch der moderne Westen entwickelte sich in diesem Ordnungsrahmen. Die amerikanische Wende nach 1989 hin zu einer unipolaren Weltordnung lässt sich als der Versuch der Errichtung eines globalen Empire der alleinigen Supermacht USA beschreiben. Aber selbst für die USA, die über eine historisch einmalige Machtfülle verfügten, war ein globales Empire viel zu groß und komplex. Ganz im Gegenteil sollte sich die verbliebene Supermacht an dieser Aufgabe sowohl militärisch als auch ökonomisch erschöpfen und in der imperialen Überdehnung enden.

Es sei hier jedoch auch nicht die Rolle der (West-) Europäer nach 1989 vergessen, die den anderen Teil des Westens ausmachten. Sie hatten, anders als die USA, die Herausforderung der Integration von Osteuropa, das Zusammenwachsen von West- und Osteuropa, zu lösen und wurden zudem zu Beginn der 90er-Jahre mit der Rückkehr des Krieges auf ihrem Kontinent in Gestalt der jugoslawischen Erbfolgekriege auf dem Balkan konfrontiert (die sie allerdings ohne die USA nicht zu beenden vermochten), versanken ansonsten aber in einer wohligen Passivität und dachten nicht im Entferntesten an ihren Beitrag zu einem neuen globalen Ordnungsentwurf. Europa wollte nach einem Jahrhundert voll von Kriegen auf seinem Kontinent nur noch Ruhe haben. Die europäische Passivität hat daher mindestens so sehr wie der amerikanische Triumphalismus zum Niedergang des Westens und zu dem ihn begleitenden internationalen Ordnungsverlust beigetragen.

Die Welt von morgen wird aber nicht nur mit einer dramatischen Veränderung der internationalen Ordnung und der daraus folgenden Ungewissheit konfrontiert werden, zugleich stehen wir an der Schwelle von revolutionären technologischen Veränderungen, die weitgehende Auswirkungen auf Wirtschaft und Gesellschaft und damit auch auf die globale Machtverteilung haben werden. Die digitale Nutzbarmachung menschlicher Intelligenz durch eine umfassende Vernetzung der Industrie und aller anderen Lebensbereiche wird die Beherrschbarkeit gewaltiger Datenmengen mit sich bringen, was wiederum die Voraussetzung für den Einsatz künstlicher Intelligenz (KI) ist, d.h. lernfähiger, sich selbst steuernder Maschinen. Die Auswirkungen einer solchen digitalen Revolution auf die internationale Ordnung sind aus heutiger Sicht im Detail sehr schwer auch nur zu ahnen, gleichwohl lässt sich bereits heute erkennen, dass sie massiv sein und die etablierte globale Machtverteilung in Politik und Wirtschaft nicht unberührt lassen werden. Die Präsenz, ja Dominanz in dieser Technologie und der Zugriff auf riesige Datenmengen und ihre Kontrolle sind bereits heute ein machtpolitischer Indikator, anhand dessen sich die Machtverteilung in der Welt von morgen ablesen lässt.

Für Europa sieht es dabei, im Vergleich mit Ostasien (China, Japan, Südkorea, Taiwan, Singapur, mit einiger Zeitverzögerung wird auch Indien dazugehören) und den USA, alles andere als gut aus. Den Europäern drohen die Zeit und die technologische Entwicklung davonzulaufen. In der globalen Machtverteilung hat Europa auch deswegen bereits erheblich verloren, der demografische Trend steht ebenfalls gegen den alten Kontinent. Sollte er in der digitalen Revolution abgehängt werden, dann droht tatsächlich der Niedergang seiner noch vorhandenen industriell-technologischen Stärke mit fatalen Folgen für das europäische Sozialstaatsmodell, das wiederum in Europa die unverzichtbare Voraussetzung für den inneren Frieden darstellt. Die Welt von morgen ist in der Gegenwart im Entstehen begriffen, und das, was von ihr bereits heute ahnbar oder sogar schon sichtbar ist, zeigt, dass sie für den europäischen Teil des alten Westens große Herausforderungen und erhebliche Risiken mit sich bringen wird.

# Eine neue Dimension im globalen Staatensystem – Staatenwelt und Menschheitsfragen

Es wäre ein großer Irrtum, anzunehmen, die Geschichte verliefe als linearer Prozess. Dann und wann kommt es zu Brüchen, ob nun in Gestalt technischer oder politischer Revolutionen, die den Verlauf der Geschichte zwar nicht aushebeln oder gar zum Stillstand bringen, diese aber in eine völlig neue Richtung lenken. Aufgrund des sich gegenwärtig in bisher nicht gekannter Geschwindigkeit vollziehenden technischen Wandels, der vor allem auf der Digitalisierung beruht, wurde der Begriff der »Disruption« zum fast allgegenwärtigen Oberbegriff für diesen Wandel, um vor allem die dramatischen Auswirkungen auf Wirtschaft und Gesellschaft zu beschreiben. Tatsächlich ist er an die Stelle des Begriffs der Revolution getreten, er bezieht sich vor allem auf systemverändernde Technologien und Verfahren, die bis dato große, starke Industriezweige, Produkte und Dienstleistungen (und damit auch die von diesen Wertschöpfungsketten abhängenden Berufe) innerhalb kurzer Zeit überflüssig machen oder zumindest erheblich entwerten und so zu ihrem Untergang oder zumindest zu ihrem Bedeutungsverlust führen.

Technologische Disruption und die allgegenwärtigen Basistrends der globalen Entwicklung verlaufen mehr oder weniger unabhängig von den Tagesereignissen: der Klimawandel; das weitere Anwachsen der Weltbevölkerung; die Globalisierung, bei der es sich tatsächlich meist um die nachholende Industrialisierung nicht oder nur wenig industrialisierter Volkswirtschaften und Regionen der Welt und/oder deren Einbeziehung in die internationale Arbeitsteilung und den Weltmarkt handelt; die dadurch entstehenden neuen Lieferketten und Märkte sowie die anhaltende Verstädterung in den Schwellenländern mit ihren rasch wachsenden Bevölkerungen. Diese Trends verstärken sich gegenseitig und werden die internationale Ordnung und Politik in diesem Jahrhundert massiv beeinflussen und verändern. Wir haben bereits weiter oben die Konsequenzen der Informationsrevolution für die Entstehung einer tatsächlich globalisierten Welt angeführt. Diese reale Informationsglobalisierung schafft nicht nur eine neue Form von Teilhabe für die in den Jahrhunderten zuvor und bis in die Gegenwart hinein ausgegrenzten und vergessenen armen Bevölkerungen der Staaten des Südens. Ihr Wissen um die Möglichkeiten des Lebens wird einen gewaltigen wirtschaftlichen, sozialen und politischen Druck aufbauen, der die Machtverteilung in der globalen politischen Ordnung und im globalen Wirtschaftssystem fundamental verändern wird.

Die Informationsrevolution bringt völlig neue Möglichkeiten des Zugangs und der Teilhabe mit sich. »Wissen ist Macht!«, lautete eine gleichermaßen alte wie richtige Parole der alten europäischen Arbeiterbewegung, nur dass das Wissen heute durch eine allgegenwärtige Informationstechnologie zur Verfügung gestellt wird und über die Möglichkeiten unterrichtet, über welche die Menschen in den reicheren, entwickelten Ländern verfügen. Man sollte im alten Westen nicht unterschätzen, was es für die zukünftige, nicht nur wirtschaftliche globale Machtverteilung heißen wird, wenn aus Armen in den Schwellenländern Konsumenten werden. Dies wird eine wahrhaft disruptive Veränderung und Teilhabe neuer Verbraucher schaffen, was die traditionelle Entwicklungspolitik kaum zu leisten vermochte.

China hat den Ehrgeiz, die digitale Führungsnation des 21. Jahrhunderts zu werden, und ist auf dem besten Wege, diesen Anspruch zu realisieren.[21] Das hohe Maß an digitaler Durchdringung des Alltags in den großen Städten Chinas ist nicht mehr zu übersehen, auch nicht der Erfolg der chinesischen Internetgiganten. So haben etwa chinesische Techfirmen mit ihren Internethandelsplätzen nicht nur die wachsende chinesische Mittelklasse in den urbanen Ballungsgebieten als Kunden gewonnen, sondern auch weite Teile des ländlichen Chinas und seiner Dörfer und kleineren Städte. Und sie haben die dort lebenden Millionen von Konsumenten in den riesigen Binnenmarkt Chinas integriert und so eine beeindruckende Markt-

und Kapitalmacht innerhalb weniger Jahre aufgebaut, die zukünftig auch jenseits der chinesischen Grenzen zu spüren sein wird.[22] Der Größte unter ihnen, »Alibaba«, verfügt heute über einen Marktanteil von 57 Prozent an Chinas B2C(business to consumers)-E-Commerce-Markt, während einer seiner Hauptkonkurrenten, JD.COM, über einen Marktanteil von 25 Prozent verfügt.[23] Und was in China gelang, wird morgen oder übermorgen auch in anderen Schwellenländern, nicht nur in Asien, gelingen. Eine nicht oder kaum vorhandene Verkehrsinfrastruktur wird teilweise mittels Drohnentechnologie ersetzt werden. Staaten in Verbindung mit Mobilfunkgiganten schaffen die technischen Voraussetzungen mittels Übertragungsnetzen, dann folgen die großen E-Commerce-Plattformen mit ihren Angeboten und Bezahlsystemen. Die Europäer werden sich angesichts dieser sich beeindruckend schnell vollziehenden Entwicklung warm anziehen müssen[24], zumal weite Teile der westlichen Öffentlichkeit, vor allem in Europa, in ihrer immer noch auf den Westen zentrierten Sichtweise diese Entwicklung kaum mitbekommen, da sie sich vor allem in riesigen Binnenmärkten in Sprachen vollzieht, zu denen der Zugang in der westlichen breiteren Öffentlichkeit kaum existiert. Anders als in Europa, das erst so langsam zu begreifen scheint, ist man sich aber unter den IT-Giganten an der Westküste der USA dieser Konkurrenz und ihrer gewaltigen Kapital- und Marktmacht sehr wohl bewusst und schaut auch deshalb auf die andere Seite des Pazifiks.

Solche disruptiven Prozesse sind jedoch nicht nur auf technologische Innovationen beschränkt, sondern betreffen ebenfalls die großen globalen Basistrends, welche die Staatenwelt des 21. Jahrhunderts formen und gestalten. Das weitere Wachstum der Weltbevölkerung ist wohl der am meisten die Welt verändernde globale Basistrend – 1950 umfasste die Weltbevölkerung etwa 2,5 Mrd. Menschen, 1999 6 Mrd., 2012 7 Mrd. und 2050 werden es 10 Mrd. Menschen sein. Ich bin 1948 geboren, sodass sich während des bisherigen Verlaufs meines Lebens die Menschheit in etwa verdreifacht hat. Das sind trockene statistische Zahlen, hinter denen sich aber eine völlig veränderte Realität verbirgt, denn es besteht nicht nur eine quantitative Differenz zwischen 2,5 Mrd. und 7 Mrd. Menschen auf unserem Globus, sondern diese veränderte Zahl schafft auch völlig neue Probleme, die sich – vor allem für die Umwelt – aus den nicht beabsichtigten Konsequenzen dieses Wachstums ergeben. Denn der Zuwachs erfolgt ja nicht nur quantitativ, was bereits genügend an Belastung mit sich bringen würde, sondern auch qualitativ. Die Bedürfnisse und Wünsche wachsen mit dieser großen Zahl von Menschen, schaffen neue wirtschaftliche Wachstumsmöglichkeiten und führen gleichzeitig zu einem zunehmenden Überlastungsstress in den begrenzten Ökosystemen, in der Lebensmittelproduktion, bei den Wasservorräten, den landwirtschaftlich genutzten Böden, der Biodiversität, dem Energieverbrauch, der Mobilität etc.

Der spezifische Pro-Kopf-Verbrauch nimmt mit

der in absoluten Zahlen wachsenden Weltbevölkerung und deren völlig nachvollziehbarem Streben nach Wohlstand und Sicherheit immer weiter zu. Zwischen technischer Innovation einerseits und der Ressourcenüberlastung andererseits hat bereits in unseren Tagen ein Wettrennen begonnen, dessen Ausgang für die Zukunft des begrenzten Ökosystems Erde von alles entscheidender Bedeutung sein wird. Gelingt es, die globale oder regionale Überlastung der Ökosysteme durch Technologie und Innovation abzuwenden oder auch nur zu verzögern? Das wird die entscheidende Frage des 21. Jahrhunderts sein, auch für die globale politische Ordnung und für die Frage von Krieg und Frieden.

Dieses Wettrennen wird durch die weitere Digitalisierung bestimmt werden, weil nur mit ihr, mittels Big Data und eines globalen Monitorings, die Erfassung der für das Weltklima wichtigsten Teilsysteme möglich ist. Dabei geht es vor allem um die Einhaltung der globalen Durchschnittstemperatur unterhalb der 2-Grad-Grenze, um das weitere Abschmelzen des antarktischen und grönländischen Festlandeises mit weitreichenden Folgen für das Weltklima zu verhindern. Bei weiterwachsender Weltbevölkerung und Mittelklassen in den großen Schwellenländern wird Big Data für eine Dekarbonisierungsstrategie der globalen Industriegesellschaften unverzichtbar. Damit tut sich aber, zumindest in den freiheitlichen Gesellschaften des Westens, ein neuer Zielkonflikt auf: Die globale Klimakrise und die notwendige Effizienzrevolution beim Ressourcenverbrauch werden mehr digitales Monitoring und damit Überwachung erfordern, die andererseits zu mehr Kontrolle und damit individuellem Freiheitsverlust führen wird. Dieser Trend wird das autoritäre chinesische Modernisierungsmodell zulasten des freiheitlich westlichen stärken. Selbstverständlich wird diese Entwicklung die globale Politik nicht unberührt lassen.

Die Annahme, dass die überkommene europäische Staatenordnung Vorbild sein könnte für die Welt des 21. Jahrhunderts, wirkt dabei bizarr bis naiv. Es mag eine Binse sein, aber man kann sie, gerade in Europa, nicht oft genug wiederholen: Nicht nur das 19. Jahrhundert, sondern auch das 20. Jahrhundert ist vorbei, endgültig zur Geschichte geworden. Die Welt des 21. Jahrhunderts bringt politisch eine völlig neue Herausforderungsdimension mit sich: Das Wachstum der Menschheit und seine konkreten Folgen werfen fortan »Menschheitsfragen« auf, welche die Lösungskapazität und Lösungskompetenz der einzelnen Staaten, selbst der größten und mächtigsten unter ihnen, bei Weitem überfordern. Die internationale Staatengemeinschaft verfügt bis jetzt kaum über gemeinsame Instrumente zum wirksamen Handeln, zumal sich die Menschen und mit ihnen auch die Politik nicht wirklich geändert haben, weil diese »Menschheitsfragen« einen großen Nachteil besitzen: Sie bleiben über lange Zeit zu abstrakt, sind überkomplex, oft wenig »erfahrbar« und deshalb in einer überwiegend kurzfristig denkenden Politik kaum entscheidend. Und wenn dann irgendwann ihre Folgen in den Alltag der Menschen und Staaten einbrechen, ist es meist zu spät, um dagegen noch wirksam vorgehen zu können. Der Übergang von der Welt des 20. Jahrhunderts in diejenige des 21. Jahrhunderts, das sich vor allem mit diesen »Menschheitsfragen«, dem Klima- und Ressourcenschutz, wird beschäftigen müssen, wird deshalb eine echte historische Disruption mit sich bringen.

Die internationale Politik steht hier vor einem menschlichen Imaginationsdefizit, das zu einem Verantwortungs- und damit auch Handlungsdefizit führt. Das Hemd droht auch im 21. Jahrhundert den Staaten und ihren Bürgern näher als die Jacke zu sein. Ich will damit sagen: Kurzfristige Wohlstands- und Machtinteressen rangieren immer noch allzu oft vor der langfristigen, vernünftigen Kalkulation der gemeinsamen globalen Überlebensinteressen, weil die menschliche Natur ganz offensichtlich auf Kurzfristigkeit ausgelegt ist.

Die internationalen und auch nationalen Ordnungssysteme der Vergangenheit hatten mit einer solchen Handlungsdimension nichts zu tun, sondern konnten in, aus heutiger Sicht, fast schon kindlicher Naivität über die Weltherrschaft spintisieren (was allerdings keineswegs kindlich unschuldige Folgen hatte). Diese Traumdimension der internationalen Politik ist vorbei, heute und morgen zählen die harte Realität des Klimawandels und anderer globaler Herausforderungen und die sich daraus ergebende Notwendigkeit zu gemeinsamem Handeln als Weltgemeinschaft.

Auch die Grenzen der Macht werden jetzt erfahrbar,

weil die Größe der Aufgabe die einzelnen Staaten überfordert und weil globale Herausforderungen gemeinsames globales Handeln notwendig machen, was in
einem grundsätzlich auf selbstsüchtige kurzfristige Interessen, auf Misstrauen und Konfrontation angeleg-
ten Staatensystem alles andere als leichtfällt. Eine ther-
monuklear hochgerüstete Supermacht auf höchstem
Entwicklungsniveau besitzt angesichts dieser Menschheitsfragen keine größere Bedeutung als die Armutszonen der Welt mit ihren großen Bevölkerungen. Die
Reichen werden ohne die Armen bei dem Versuch der
Lösung oder wenigstens der erfolgreichen Kontrolle
dieser Menschheitsfragen nicht wirklich etwas erreichen können und umgekehrt. Die »eine Welt« wird in
diesem Jahrhundert durch die Macht der Fakten erzwungene Wirklichkeit.

Wenn aber die Kraft der Groß- oder gar Supermächte
zur positiven Beantwortung dieser neuen Menschheitsfragen nicht mehr ausreicht, dann wird sich auch die
Frage nach der Funktionalität des auf Staaten beruhenden internationalen Systems über kurz oder lang
stellen. Denn ganz offensichtlich ist es angesichts des
Herausforderungsprofils des 21. Jahrhunderts nicht
mehr zureichend, auf das Gleichgewicht eines »Westfälischen Friedens« zwischen den Staaten zu setzen.

Die Welt ist mit dem Ende des Kalten Krieges in eine
neue Phase eingetreten, wo es fortan nicht mehr nur
um die Rivalität von Staaten und Mächten geht. Welt-
eroberungsfantasien werden einen ähnlichen Wirklich-
keitswert haben wie die Propagierung des Baus von

neuen Pyramiden. Trotzdem werden die Staaten, ihre Ambitionen und Ängste weiter die politische Ordnung bestimmen. Diese überwölbend, hat sich aber eine neue Dimension eröffnet, in der es um Gattungs- oder Menschheitsfragen geht. Fragen, die nicht mehr regional begrenzt sind, sondern die Grundlagen menschlicher Existenz auf dem Globus insgesamt betreffen.

Die uralte menschliche Art, Streitfragen konfrontativ zu lösen, Stärke für Dominanz zu nutzen, einem engen Interessenegoismus zu frönen und das eigene Prestige zu mehren, führt bei diesen Fragen nicht sehr weit. Die globale Politik sitzt nicht nur theoretisch, sondern fortan höchst praktisch in einem Boot, das leckzuschlagen droht. Es wird in der internationalen Politik fortan ums Ganze gehen, was in der Vergangenheit so noch niemals der Fall war.

Nur deswegen konnten sich Staaten überhaupt Kriege leisten, die zwar furchtbare Opfer gefordert haben, aber niemals eine Gefährdung des Ganzen bedeuteten. Irgendwann ging selbst der schrecklichste Krieg zu Ende, wurden die Opfer begraben und der Wiederaufbau begonnen. Die Menschheit als solche war dadurch niemals in ihrer Existenz gefährdet. Das änderte sich erst mit der Entwicklung der Atombombe, deshalb blieb der Kalte Krieg auch ein kalter. Durch das Wachstum der Menschheit, die Begrenztheit nicht oder nicht ausreichend erneuerbarer Ressourcen, technologische Revolutionen und die potenziell endlos offenen menschlichen Bedürfnisse und Sehnsüchte hat die Welt (und dies wird sehr viel mehr noch für die Zukunft gelten) einen Zustand erreicht, in dem eine bisher idealistische Kategorie wie »Menschheitsfrage« zu härtester Realität geworden ist. Die Menschheit muss in Gestalt ihrer Staaten für den Fortbestand einer für sie bewohnbaren Erde Verantwortung übernehmen, ob sie will oder nicht.

Auf mittlere Sicht wird dieser Zwang zur Zusammenarbeit – unter Wahrung der förmlichen Verfahren und Respektierung einzelstaatlicher Souveränität – de facto auf eine Veränderung des Verständnisses, d. h. auf eine Einschränkung von ebendieser Souveränität, hinauslaufen müssen, jenem tragenden Pfeiler des global ausgeweiteten westfälischen Systems.

Besteht nun ganz akut angesichts des überall auftauchenden Nationalismus die Gefahr, dass die wirtschaftliche Globalisierung zugunsten eines einzelstaatlichen oder regionalen Protektionismus zurückgenommen werden kann? Die Antwort darauf hängt von einer Antwort auf eine noch schlichtere Frage ab, nämlich ob mehr als 7 Mrd. Menschen ihre Bedürfnisse auf friedliche Weise ohne freien Welthandel werden befriedigen können. Die Antwort lautet Nein, zumal die globale Informationsrealität auf keinen Fall verschwinden wird. Die Globalisierung ist eben nicht aus einer Verschwörung des Großkapitals, der Wall Street oder der City of London entstanden, sondern Ausdruck einer objektiven Entwicklung und deshalb auch nicht mehr umkehrbar, wie noch zuletzt 1914 mit dem Ausbruch des Ersten Weltkriegs geschehen. Man kann sie mehr oder weniger gerecht und effizient gestalten, aber nicht mehr umkehren, sofern man eine globale Katastrophe wie einen Nuklearkrieg zwischen den großen Mächten oder Vergleichbares ausschließt.

Der Charakter der Menschen mag sich nicht geändert haben, die Realitäten jedoch, welche die Menschen geschaffen haben, schon. Sie haben sich sogar sehr fundamental verändert. Und mit ihnen auch die Zwänge, mit denen die Menschen und ihre Staaten es in Gegenwart und Zukunft zu tun haben und haben werden. Diese neue Dimension im internationalen System erzwingt die globale Zusammenarbeit und Handlungsfähigkeit über alle Emotionen, Interessengegensätze und Ideologien hinweg. Mit Thukydides hat diese Welt nicht mehr viel zu tun, gleichwohl verhalten sich manche der entscheidenden Akteure im internationalen Staatensystem auch in der Gegenwart noch so, als regierten sie noch in Attika oder auf dem Peleponnes und als ließen sich im 21. Jahrhundert Probleme immer noch dadurch lösen, dass man sich, wie weiland im alten Griechenland, die Köpfe einschlägt.

Gewiss, die Gewalt in den menschlichen Beziehungen wird nicht verschwinden, damit auch nicht die zwischen den Staaten. Die Gefahr der Irrationalität von politischen Führungen ebenso wenig. Die Bewahrung von Frieden und Sicherheit wird daher *die* zentrale Aufgabe der internationalen Ordnung im 21. Jahrhundert bleiben. Das tradierte Staatensystem wird sich nicht über Nacht auflösen und einem Weltstaat Platz machen. Aber die neue Dimension macht eine Ergänzung auf der Grundlage des existierenden Staatensystems unabweisbar. Der subjektiv wahrgenommene Problemdruck ist allerdings noch nicht so stark, dass sich die Großmächte und regionalen Staatengruppen auch nur auf die Reform des Sicherheitsrates der Vereinten Nationen so weit einigen könnten, dass dieser in seiner Zusammensetzung zumindest die globale Machtrealität der Gegenwart widerspiegeln würde und nicht jene von 1945. Also wird man in absehbarer Zukunft auf – alles andere als optimale – Aushilfen mittels zwischenstaatlicher Kooperationen angewiesen bleiben, um die neuen »Menschheitsfragen«, die mittlerweile zu harten »Menschheitsinteressen« mutiert sind, angehen zu können: etwa das Format der G20 oder Ad-hoc-Konferenzen zu den globalen Herausforderungen. Freilich setzt dies voraus, dass es unter den größeren globalen Mächten die Bereitschaft zur Führung gibt. Und wenn die westliche Führungsmacht gegenwärtig dabei ist, diesen Anspruch aufzugeben, dann werden eben andere an ihre Stelle treten.

Der jüngste Klimagipfel von Paris und das von ihm geschlossene Übereinkommen waren ein gelungener Versuch, eine solche »Aushilfe« mittels einer zwischenstaatlichen Übereinkunft, eines Interessenausgleichs zwischen Industrie-, Schwellen- und Entwicklungsländern zu schaffen. Dessen Bedeutung ist kaum zu überschätzen, denn es gelang, fast alle Staaten mit ihren auseinanderstrebenden Interessen auf ein gemeinsames Ziel zu verpflichten. Man mag nun im Einzelnen bezweifeln, dass dessen materielle Ergebnisse angesichts der globalen Erwärmung tatsächlich ausreichend sind, um mit ihnen das sogenannte Zwei-Grad-Ziel noch zu erreichen. Die Begrenzung des Anstiegs der durchschnittlichen Jahrestemperatur unter 1,5 Grad durch Maßnahmen zur Vermeidung oder Zurückhaltung klimaschädlicher Gasemissionen (bezogen auf die Zeit von ca. 1850 zu Beginn der Industrialisierung) ist das Ziel der Pariser Übereinkunft. Die Tatsache, dass sich alle Staaten der Erde mit alleiniger Ausnahme der USA (die wenige Monate nach der Wahl von Präsident Trump von der Pariser Vereinbarung zurückgetreten sind) dazu verpflichtet haben, ist angesichts des fortschreitenden Klimawandels trotz aller Skepsis von überragender Bedeutung.

Die Pariser Vereinbarung sagt zudem auch etwas über die globale Ordnung von morgen und die Rollenverteilung in ihr aus. Die Tatsache, dass sich die USA unter Präsident Trump vom Pariser Klimaabkommen zurückgezogen haben, demonstriert, welche negativen Auswirkungen die auf »America first« gründende nationalistische Politik der USA tatsächlich hat, gerade auch für sie selbst, und dass die gegenwärtige Regierung der USA offensichtlich an einem Beitrag zur Lösung der entscheidenden Menschheitsfragen wie dem Klimawandel kein Interesse hat. Zudem ist dieser Rückzug der Supermacht in seiner symbolischen Bedeutung für die weitere globale Machtverteilung kaum zu unterschätzen. Ausgerechnet in jenem Moment, in dem es der internationalen Staatengemeinschaft über alle Interessengegensätze hinweg gelungen ist, einen klimapolitischen Konsens zu erzielen, steigen die USA als einer der Hauptverursacher von Treibhausgasen aus und treten damit klimapolitisch ab. Dieser Schritt hat über die Klimapolitik hinaus fast schon programmatischen Charakter für das neue Selbstverständnis des Landes unter Trump. Der Schritt zeigt zudem, wie schnell aus einem »America first« ein »America alone« werden kann.

China hat, auch im Bereich des Klimaschutzes, seine Chance zur Übernahme der Führung der globalen Staatengemeinschaft genutzt und Trumps Rückzugsentscheidung eben nicht als Vorwand genommen, um ebenfalls aus dem Klimaabkommen auszusteigen, genauso wenig wie Indien. Ganz im Gegenteil bekräftigte die Regierung in Peking ihr Festhalten an dem Abkommen und dadurch ihren Anspruch auf jene globale Führungsrolle, welche die USA aufgegeben haben. Innerhalb weniger Monate nach der Wahl Trumps war dies das zweite großzügige Geschenk, das die USA willentlich und ohne Not der VR China unter dem wehenden Banner des »America first« gemacht haben. Welch eine Ironie!

Das erste Geschenk, die Aufgabe des transpazifischen Freihandelsabkommens (TTP) durch die neue Regierung unter Präsident Trump, war ein ebenso großzügiges Geschenk. Das Zustandekommen von TTP hatte Peking mit all seinen Möglichkeiten über die Jahre hinweg zu hintertreiben versucht, denn es war gegen Chinas Einfluss in der Region gerichtet und schloss China konsequenterweise aus. Das Abkommen sollte den Führungsanspruch der USA in der weiten asiatisch-pazifischen Region im 21. Jahrhundert verfestigen, die China als seine Einflusszone sieht, und dort auch für die weitere Zukunft ein Gegengewicht gegenüber den chinesischen Dominanz- und Hegemonialansprüchen bilden. In Peking wird man, nach der anfänglichen Verblüffung, aus dem Feixen nicht mehr herausgekommen sein.

Durch ihren überraschenden Rückzug aus dem transpazifischen Freihandelsabkommen zwangen die USA selbst ihre engsten Partner in der Region zu einer Umorientierung in Richtung China, da die USA an einer von ihnen angeführten transpazifischen Freihandelszone ganz offensichtlich kein Interesse mehr hatten. Mit der wachsenden militärischen Macht Chinas in seiner asiatischen Nachbarschaft wird diese Neuausrichtung längerfristig nicht nur den Handel betreffen, sondern eher früher als später auch politische Konsequenzen nach sich ziehen. Selbst jenseits des pazifischen Raums erlaubten die USA unter Trump der VR China, sich als Sachwalter des freien Welthandels darzustellen.[25] Schon diese beiden Ereignisse, die einen engen Bezug zu der im Entstehen begriffenen Weltordnung des 21. Jahrhunderts haben, zeigen recht klar, dass China bereit ist, seine globale Führungsrolle in dieser Ordnung anzunehmen.

# Wachablösung oder Duopol?
## Die USA und China

Wir erleben als Zeitgenossen des frühen 21. Jahrhunderts die Morgendämmerung einer neuen Weltordnung. Das Jahrhundert Chinas und damit Asiens zieht herauf. Wer sich mit der Ordnung dieser Welt von morgen beschäftigt, der wird als Erstes mit der Frage konfrontiert, ob es in dieser eine neue globale Ordnungsmacht geben wird. Wenn ja, so kann das nach Lage der Dinge – Größe der Bevölkerung und des Territoriums, Wirtschaftspotenzial einschließlich eines riesigen Binnenmarktes, Infrastruktur, Technologie, Innovation, militärische Stärke, alte und homogene Zivilisation – nur China sein. Wird also auf das amerikanische 20. Jahrhundert ein chinesisches 21. Jahrhundert folgen? Wird die westliche Supermacht USA durch die fernöstliche namens China abgelöst werden?

Diese Wachablösung würde aber nicht nur die USA, sondern den alten Westen insgesamt betreffen, also auch Europa, und Ostasien übernähme gemeinsam mit der neuen Supermacht China die Rolle des alten Westens, nämlich das Zentrum der neuen Weltordnung zu sein. Der Schwerpunkt der globalen Ordnungsarchitektur würde sich damit definitiv vom Atlantik in den Pazifik verlagern, mit weitreichenden Konsequenzen für Europa. Denn eine solche Verlagerung des globalen Zentrums in Richtung Ostasien würde auch die USA endgültig dazu zwingen, ihren außenpolitischen Schwerpunkt in Richtung Pazifik zu verschieben und den atlantischen Raum mehr und mehr den Europäern zu überlassen, die dann sehen müssten, wo sie blieben.

Wie wird sich dieser Prozess der Wachablösung der globalen Führungsmacht vollziehen, friedlich oder konfrontativ? Wird es überhaupt zu einer solchen Ablösung kommen oder wird sich am Ende ein Duopol-»Chimerica« der beiden mächtigsten globalen Mächte durchsetzen, das auf der Gleichzeitigkeit von gemeinsamen Interessen und anhaltender Rivalität beruhen würde und so ein inhärent hochkomplexes Konstrukt bliebe? Der Aufstieg Chinas zur globalen Supermacht war seit Längerem absehbar, nur wie sich der Prozess des Übergangs tatsächlich vollziehen würde, lag im Dunkel der Zukunft verborgen. Dass es ausgerechnet der amerikanische Nationalismus unter Donald Trump sein würde, der in einer Art freiwilliger Selbstabdankung der USA als globaler Führungsmacht den Weg für China frei machen würde, war nicht zu ahnen.[26] So ist es in unseren Tagen jedoch gekommen.

Die Folgen dieser amerikanischen Selbstabdankung ließen sich bereits auf dem XIX. Parteitag der KP Chinas in der zweiten Oktoberhälfte 2017 besichtigen, auf dem die globalen Führungsansprüche Chinas klar formuliert wurden. Damit ist die Frage nach einem friedlichen oder konfrontativen Verlauf der globalen »Wachablösung« aber mitnichten beantwortet, sondern eher noch zugespitzt worden, denn die Welt steht erst am Anfang dieses Übergangsprozesses, der nicht zu übersehende Risiken mit sich bringt.

Was wir gegenwärtig erleben, scheint auf die Korrektur einer historischen Anomalie in langer Geschichtsperspektive hinauszulaufen, nämlich der Dominanz des Westens über den Rest der Welt seit dem Beginn der industriellen Revolution um 1800 herum. Bis etwa 1800 lagen die großen asiatischen Volkswirtschaften China und Indien mit ihren damals schon, im Verhältnis zu Europa, riesigen Bevölkerungen vor denen Europas, bevor sich der europäische Kolonialismus mit seiner – dank der industriellen Revolution – überlegenen Kriegstechnik und seiner Beute- und Eroberungsgier der Welt ganz oder teilweise bemächtigen konnte. Damit begann deren Abstieg und Europas Aufstieg.

»Die große Gabelung«, schreibt Jürgen Osterhammel in seiner Globalgeschichte des 19. Jahrhunderts, »... trat erst im 19. Jahrhundert ein. Das Thema erhält dadurch eine Aktualität und Dringlichkeit – die es vor zwanzig Jahren noch nicht besaß –, dass der sozioökonomische Graben zwischen Europa und Asien sich zu schließen beginnt. Der Aufstieg Chinas und Indiens (an Japan hat man sich inzwischen mit einer gewissen Gelassenheit gewöhnt) wird in Europa als Teil von Globalisierung wahrgenommen. In Wahrheit verbergen sich dahinter auch genuine industrielle Revolutionen, die das nachholen, ohne es genau zu wiederholen, was Europa im 19. Jahrhundert erlebte.«[27]

Chinas Wiederaufstieg vollzog sich nach dem Ende des Kalten Krieges in atemberaubender Geschwindigkeit. Zwar hatten die marktwirtschaftlichen Reformen und die Öffnung Chinas unter Deng Xiaoping bereits Ende der Siebzigerjahre begonnen, aber ihre tatsächliche Dynamik zur Umgestaltung des Landes vermochten sie erst nach dem Ende des Kalten Krieges voll zu entfalten, nach dem magischen Jahr 1989 also. Allein an dieser Tatsache lässt sich im Rückblick noch nachvollziehen, wie entwicklungshemmend, wie konservativ also, die Wirkung des Kalten Kriegs für den Rest der Welt jenseits der beiden großen Blöcke tatsächlich gewesen war, denn nach seinem Ende begann rund um den Globus eine unglaubliche Veränderungsdynamik zu wirken, mit deren Folgen wir es heute zu tun haben.

Chinas Anteil am weltweiten Bruttoinlandsprodukt (BIP) lag im Jahr 1970 bei 0,8 Prozent, 2015 hatte es 9,5 Prozent erreicht. 1970 spielte China in der Weltwirtschaft faktisch keine Rolle, war technologisch rückständig und hatte Schwierigkeiten, seine riesige Bevölkerung zu ernähren. Heute, nur 47 Jahre später, ist die Volkswirtschaft des Landes zur globalen Nummer eins oder zwei geworden (je nach Berechnungsmaßstab) und ist binnen Kurzem dabei, an den USA endgültig vorbeizuziehen, verfügt über moderne Städte, eine moderne Energie- und Verkehrsinfrastruktur, moderne Bildungsinstitutionen. Hunderttausende von Studenten studieren in den USA und Europa, das

Land hat den Nahrungsmittelmangel überwunden, ist eines der technologisch führenden Länder (vor allem im IT-Sektor), verlängerte Werkbank der Weltwirtschaft und dadurch auch führende Exportnation weltweit und verfügt über den größten und damit auch für das Gedeihen der globalen Wirtschaft entscheidenden Binnenmarkt.

Chinas Probleme und Herausforderungen sind ebenso beeindruckend wie seine Erfolgsgeschichte: die Intransparenz des gesamten Systems, vor allem der Finanzen, eine endemische Korruption (die zwar angesichts der jüngsten Antikorruptionskampagne von Staatspräsident Xi Jinping zurückgedrängt wurde, die aber, weil systemisch, wiederkehren wird), das völlige Fehlen einer unabhängigen Justiz, die durch die Einkindpolitik verschärfte demografische Frage – wird China schneller reich oder schneller alt werden? –, der Zwang zur Transformation des heutigen ökonomischen Wachstumsmodells mit seinen verheerenden Umweltschäden in ein nachhaltiges Modell ebenso wie die Transformation von einer arbeitsintensiven Low-Tech-Wirtschaft hin zu einer technologiegetriebenen, kapitalintensiven modernen Wirtschaft. Hinzu kommt Chinas Demokratiedefizit, d. h. die Frage nach der längerfristigen Vereinbarkeit einer wachsenden und prosperierenden Mittelklasse mit der Einparteienherrschaft, die Folgen der Digitalisierung für den heimischen Arbeitsmarkt, die soziale Spaltung des Landes in extremen Reichtum und nach wie vor extreme Armut und Rückständigkeit vor allem auf dem Land und schließlich die auf dem Hintergrund der mehrtausendjährigen chinesischen Geschichte völlig neuen Herausforderungen einer Weltmachtrolle, die sich für das Land in dieser langen Zeit so niemals gestellt hatten. Es sei jedoch nicht vergessen, dass das moderne China unter der Herrschaft der KP trotz all seiner Defizite und Belastungen noch schwerere Herausforderungen in der jüngsten Vergangenheit in einer beeindruckenden Weise und Geschwindigkeit überwunden und sich zu dem einzigen ernsthaften Anwärter auf die globale Führungsrolle im 21. Jahrhundert entwickelt hat. Wenig spricht dagegen, dass ihm Vergleichbares nicht auch in Zukunft gelingen sollte, solange die Führung des Landes wird »liefern« können, d.h., solange die materielle Aufstiegsperspektive für weitere Millionen Arme und für die weiter anwachsende Mittelklasse erhalten bleibt.

China ist keine Demokratie, sondern ein Einparteienstaat und folgt daher einem Entwicklungsmodell von Wirtschaft, Gesellschaft und Macht, das demokratische Partizipation, Gewaltenteilung und öffentliche Kontrolle zugunsten einer bürokratischen Einparteienherrschaft ausschließt. Die Herrschaft der Kommunistischen Partei ist eine Art Kopie der Herrschaft der kaiserlichen Hofbeamten, der Mandarine. Und es war wohl auch kein dummer Zufall, dass die kommunistische Führung nach 1949 ihre eigene verbotene Stadt – Zhongnanhai – in unmittelbarer Nachbarschaft zur alten Verbotenen Stadt der Kaiser bezog und seitdem von dort aus das chinesische Reich regiert. Die chinesische Alternative zu den nicht vorhandenen demokratischen Funktionsmechanismen ist eine permanente sorgfältige Analyse der internen und globalen Lage durch das Machtzentrum und eine sehr langfristige, die Verweildauer einzelner Machtgruppen an der Spitze der Partei und die Dauer der einzelnen Fünfjahrespläne überschreitende Strategie. Ich kenne kein anderes Land der Gegenwart, das mit solcher Langfristigkeit seine angestrebten Ziele verfolgt und auch bereit ist, dafür über einen längeren Zeitraum hinweg Verluste hinzunehmen, deren Kosten zu tragen, und dennoch an der Umsetzung seiner Ziele unbeirrt festhält. Vermutlich ist eine solche Langfristigkeit nur unter der autoritären Herrschaft einer bürokratischen Elite möglich.

Das chinesische Modernisierungsmodell scheint dem des westlich liberalen Kapitalismus in vielen Punkten, vor allem in seinem Konsumismus, zu ähneln, aber dieser Eindruck täuscht. In seinem Kern – die absolute Kontrolle der Partei über Wirtschaft und Gesellschaft – ist es eine autoritäre Alternative zum westlich liberalen Modell, quasi eine »leninistische Moderne auf digitaler Grundlage«, nicht dessen Kopie.

Wer die chinesische Politik verstehen will, der muss zuerst versuchen, die Traumata der jüngeren Geschichte des Landes zu verstehen, die es bis heute maßgeblich beeinflussen: An erster Stelle steht dabei die Erfahrung von Schwäche und Demütigung durch die westlichen Großmächte im 19. und beginnenden 20. Jahrhundert und der nationalen Katastrophe mit dem militärischen Überfall Japans auf China am Vorabend des Zweiten Weltkriegs und schließlich, nach Bürgerkrieg und Revolution, das Chaos, die Hungerkatastrophen und die Kulturrevolution in maoistischer Zeit nach der Gründung der VR China im Jahr 1949. Schwäche nach außen und Chaos im Innern sind die beiden großen Traumata, welche die Politik Chinas bis in unsere Tage hinein ganz wesentlich bestimmen. Und die Konsequenzen daraus lauten: Stärke nach außen, Stabilität im Innern und aus beiden Gründen ein eisernes Festhalten an der Einparteienherrschaft, koste es, was es wolle.

Dass das späte Kaiserreich unter den Qing (Mandschu), anders als Japan mit der Meji-Restauration, zu einer Industrialisierung nicht in der Lage war, wird als die entscheidende Ursache für das folgende Jahrhundert der Demütigungen durch europäische Mächte und für den Überfall durch Japan gesehen. Ein starkes China, das die industrielle Revolution nicht verschlafen hätte, wäre zur Abschreckung und wirksamen Gegenwehr in der Lage gewesen, und mehrere nationale Katastrophen wären dem Land im 19. und 20. Jahrhundert erspart geblieben. Deshalb setzt die Politik Chinas die eindeutige Priorität, dass das Land bei jeder weiteren industriellen oder technischen Revolution wie der Digitalisierung, dem »Internet der Dinge« (Industrie 4.0), Big Data und der künstlichen Intelligenz (AI), auch aus Gründen der nationalen Sicherheit und Selbstachtung und nicht nur aus ökonomischen Wettbewerbsgründen, sich in oder an der Spitze dieser

Entwicklungen zu befinden hat, selbst wenn die voranschreitende Digitalisierung erhebliche Spannungen auf dem chinesischen Arbeitsmarkt mit sich bringen wird. Nie wieder soll China in eine Lage wie in der Vergangenheit geraten, die zu Schwäche, Demütigung und nationalen Katastrophen führte.

Das zweite große chinesische Trauma ist die Erfahrung der Gewalt und des internen Chaos durch die Kulturrevolution, das sich ebenfalls nicht wiederholen darf. Für die chinesische Führung ist deshalb der archimedische Punkt, um den sich alles dreht, die innere Stabilität, Stabilität und nochmals Stabilität. Hier fließt auch die Herrschaftsgeschichte des jahrtausendealten »Reichs der Mitte« ein, die in einer Abfolge von Dynastien verläuft. Der Kaiser als Mittelpunkt der chinesischen Welt, als alleiniger Mittler zwischen den Mächten des Himmels und den Niederungen des irdischen Daseins, verfügte über absolute Macht, allerdings nur so lange, wie er das sogenannte Mandat des Himmels zu erfüllen vermochte, d.h. die Einheit des Reiches zu wahren oder gar an seinen Rändern dessen Territorien auszudehnen, seine äußeren Feinde abzuwehren, die schon von alters her große Bevölkerung Chinas zu ernähren und den Wohlstand seiner Untertanen und den inneren Frieden zu sichern. Zeigte bei der Erfüllung dieses Mandates eine Dynastie Schwäche, so wurde sie über kurz oder lang durch eine andere, zumeist gewaltsam, abgelöst. Das dynastische System selbst, durch das China über die Jahrtausende hinweg regiert wurde, stand aber so gut wie nie infrage.

Die Führung der Kommunistischen Partei – man könnte sie in der dynastischen Tradition Chinas auch als »Mao-Dynastie« bezeichnen – weiß um diesen uralten Zusammenhang zwischen dem »Mandat des Himmels« und der Herrschaft im Laufe der chinesischen Geschichte und wird daher alles tun, um dieses »Mandat des Himmels« zu erfüllen. Solange sie dazu in der Lage ist, muss sie sich um die Stabilität des Systems und ihre Herrschaft keine Sorgen machen, d. h., solange sie den 700 Mio. armen Chinesen und der wachsenden Mittelklasse weiterhin ihr Entkommen aus der Armut und ihren weiteren materiellen Aufstieg und den Chinas zu einer allseits respektierten Führungsmacht des 21. Jahrhunderts glaubhaft machen kann.

Dazu braucht es vor allem eines, nämlich weiteres Wirtschaftswachstum in einer Größenordnung, die diese Ziele erreichbar macht. Und für weiteres Wachstum bedarf es zuerst und vor allem der inneren Stabilität. Nicht vorhergesehene Schocks in Wirtschaft, Finanzen und Politik sind daher immer auch eine Bedrohung jenes »Mandats des Himmels« und somit auch des Herrschaftsanspruchs der Partei und müssen durch sorgfältige Analyse, langfristige Planung und rechtzeitige Gegenmaßnahmen verhindert werden. Und da es unter der Einparteienherrschaft keine demokratische öffentliche Auseinandersetzung über den Zustand des Landes und seine Zukunftsoptionen gibt, muss dies eben vom Machtapparat von Partei und Staat geleistet werden.

Seit einigen Jahren nun steht China nicht nur vor der Herausforderung, die sehr hohen Wachstumsraten aus der Phase seiner ursprünglichen Modernisierung, als das Land zur verlängerten Werkbank der Welt wurde, hinter sich zu lassen, sondern auch, den Strukturwandel weg von der auf billigen Löhnen und weniger entwickelten Technologien beruhenden, arbeitsintensiven ersten Modernisierungsphase hin zu einer kapitalintensiven Hightechökonomie mit Spitzentechnologien, höheren Löhnen und einem geringeren Beschäftigungsanteil zu bewerkstelligen. Hier liegt neben dem Machtinteresse der Partei auch der Grund, die Kontrolle über die nicht immer effizienten Staatsunternehmen zu behalten. Denn in der Regel sind diese Unternehmen arbeitsintensiv und ihre wirtschaftlich notwendige Restrukturierung und Modernisierung droht die Arbeitslosigkeit signifikant zu erhöhen und wirft so auch die Stabilitätsfrage auf – Wettbewerbsfähigkeit steht hier gegen Beschäftigung und Arbeitsmarkt. China mit seiner hybriden Wirtschaftsstruktur einer teils privaten, teils staatlichen Wirtschaft und dem machtpolitischen Anspruch der Partei auf alleinige und vollständige Kontrolle wird zudem zunehmend ein Problem mit der Macht, Dominanz und öffentlichen Popularität der noch recht jungen riesigen IT- und Internetgiganten bekommen, die andererseits aber weltweit die Einzigen sind, welche realistischerweise die IT-Giganten von der amerikanischen Westküste herausfordern können, was der Partei wiederum mehr als zusagt.

China muss zudem seiner riesigen Wirtschaft ein neues nachhaltiges Wachstumsmodell verordnen, das den unerwünschten Folgen der Ressourcen- und Energieverschwendung, einer überbordenden, auf Verbrennungsmotoren beruhenden individuellen Mobilität in seinen Ballungsgebieten und einer galoppierenden Umweltzerstörung und dramatischen Luft- und Lebensmittelbelastung mit Schadstoffen Einhalt gebietet. Ansonsten wird durch diese strukturelle Umweltkrise – bei einer auch in ihren Qualitätsansprüchen weiterwachsenden Mittelklasse – früher oder später die Systemstabilität gefährdet werden.

In dieser Entwicklung findet sich der eigentliche Grund und zugleich Zwang für den Strategiewechsel Chinas hin zu einer grünen Ökonomie, und auch in dieser Frage wird es die USA in der globalen Führung ablösen. Wenn China dieser Strukturwandel gelingt – woran ich nicht wirklich zweifle, da das Land dazu eigentlich keine ernsthaften Alternativen hat –, würde dieser Strukturwandel aufgrund des Schwergewichts und der Bedeutung der chinesischen Volkswirtschaft für den Rest der Welt gewaltige transformative Konsequenzen in Richtung nachhaltige Wirtschaft und Wachstum haben.

Vergleicht man die Supermacht USA mit China, dem Prätendenten für die globale Führungsrolle im 21. Jahrhundert, so fallen sofort gravierende Unterschiede auf. Die USA sind durch den Sieg in zwei heißen und einem kalten Weltkrieg zu ihrer globalen Supermachtrolle aufgestiegen. Der Aufstieg Chinas hingegen vollzog sich ausschließlich friedlich, allein mit wirtschaftlichen Mitteln, unter Einsatz seines weltweit einmalig großen Potenzials und Binnenmarktes, ist also das Ergebnis seiner erfolgreichen Modernisierung und Öffnung und folgt so fast den Gesetzen der Schwerkraft. Es wäre jedoch ein großer Fehler, die Macht der USA nur auf ihre weit überlegene Militärmacht zu reduzieren, so wichtig diese für ihren Aufstieg auch immer war. Die sogenannte weiche Macht (soft power) der USA spielte eine ganz entscheidende Rolle bei ihrem Aufstieg und vor allem für ihre Rolle als »benevolent hegemon« (gütiger Hegemon) über die Jahrzehnte hinweg.

Die USA mussten, anders als die Sowjetunion, ihre Partner in Europa, in Asien und im Pazifik nicht mit Gewalt an sich binden, sondern diese waren meistens freiwillig und gern zum Bündnis mit dem benevolent hegemon bereit, da es aufgrund der amerikanischen Werteorientierung und Soft Power für sie wesentlich mehr Vor- als Nachteile brachte. Für den Hegemon war ein solch sanftes Klientelverhältnis wesentlich kostengünstiger und politisch stabiler, als wenn es auf Zwang und Gewalt beruht hätte. An erster Stelle stand dabei die Verpflichtung der Macht der USA auf die Grundwerte der amerikanischen Revolution, auf Demokratie, Freiheit, Menschenrechte und die Herrschaft des Rechts, eben nicht auf territoriale Eroberungen. Überhaupt hatte die amerikanische Außenpolitik neben der Durchsetzung amerikanischer Interessen immer auch eine stark idealistische Verpflichtung. Ohne dieses idealistische Element in ihrer Außenpolitik wäre es den USA kaum möglich gewesen, ihren inhärenten Isolationismus, der von der riesigen Dimension des Landes mit seinen immer noch leeren Räumen herrührt, zu überwinden. Hinzu kamen die Attraktivität des US way of life, die Alltagskultur von Hollywood, Popmusik und Jazz bis hin zu Coca-Cola, McDonald's und Starbucks. Ebenso eine Politik der offenen Grenzen, welche die Besten und Klügsten aus aller Welt ins Land holte und darüber hinaus noch vieles mehr. Das riesige Land brauchte einfach Menschen. Durch die Zuwanderung entstand nicht nur Wachstum, sondern auch eine hohe Aufstiegsdynamik. Und selbstverständlich war da noch die Sprache, ein leicht zu lernendes und global gesprochenes Englisch, das durch die weltweite Mediendominanz der USA mittels TV und Internet zur Lingua franca der Neuzeit wurde.

Worin besteht hingegen die Soft Power Chinas? Man wird nur wenig bis nichts Vergleichbares finden. China beruht auf seiner eigenen Zivilisation, deren wesentlicher Charakter in der Abschottung von der Welt jenseits seiner ost- und südostasiatischen Einflusszone entstand. In seiner unmittelbaren Nachbarschaft verfügt China über eine ausgeprägte Soft Power, aber nur soweit seine Zivilisation reicht. Mandarin wird Englisch weltweit nicht ablösen, dazu ist es zu kompliziert zu erlernen, und die chinesische Alltagskultur wird die US-amerikanische ebenfalls nicht ersetzen, wohingegen der Einfluss der amerikanischen Alltagskultur in den Metropolen des neuen Chinas und unter der jüngeren Generation nicht zu übersehen ist. Die chinesische Alltagskultur dagegen ist für ihren universellen Gebrauch zu eigen, von den konfuzianisch geprägten Werten des Landes ganz zu schweigen. Wirtschaftlicher Erfolg allein wird auf Dauer als Ersatz für diesen offensichtlichen Mangel an Soft Power nicht ausreichen.

Eine Weltordnung wird ganz entscheidend durch militärische und wirtschaftliche Macht und technologische und wissenschaftliche Führung gestaltet, aber mindestens so sehr durch die mehr immateriellen Faktoren wie Werte, Bildungsinstitutionen und Soft Power. Das Symbol für die Offenheit der USA gegenüber der Welt ist (oder sollte man unter Trump nicht besser sagen: war) die Freiheitsstatue im Hafen von New York, eine Einladung an die Mühseligen und Beladenen der Welt. Chinas Symbol hingegen ist die Große Mauer, die seine Abschottung von der Welt symbolisiert.[28]

Diese historisch über die Jahrhunderte hinweg entstandene Grundstruktur des Reiches der Mitte, die über lange Zeit hinweg wenig bis keinen Wert auf den Austausch mit anderen legte, wirft das größte Fragezeichen hinsichtlich Chinas zukünftiger globaler Führungsrolle auf. Denn seine Abschottung war zugleich auch die Grundlage für die historisch einmalig lange Dauer nicht nur der chinesischen Zivilisation, sondern auch der Kontinuität des chinesischen Staates.

Die USA waren demgegenüber, bevor sie überhaupt zur Weltmacht wurden und trotz eines tief sitzenden Isolationismus, der sich aus ihrer relativ kleinen Bevölkerung und der Weite des Landes ergab, dennoch durch die Massenzuwanderung und den Außenhandel, den das Land von Anfang an betrieb, schon vor ihrer Wendung nach außen gegen Ende des 19. Jahrhunderts inhärent internationalistisch ausgerichtet gewesen. Sie waren durch die auf Einwanderung beruhende Zusammensetzung ihrer Bevölkerung aus aller Herren Länder und Weltteilen, trotz der Weite und dünnen Besiedelung des riesigen Landes, fast von Anfang an intern »globalisiert«, gründeten – im Gegensatz zu allen anderen Nationen – auf einen Universalimus der Werte, und das hatte Konsequenzen für ihre Alltagskultur. Was diese eingewanderte Bevölkerung zu »Amerikanern« machte und macht, waren die Verfassung und die Werte der USA, allesamt immaterielle, normative Größen, und in ihrem Innern eine beispiellose Freiheit für den Einzelnen.

Die USA begehen deshalb unter Trump gegenwärtig einen nachgerade historischen Fehler, weil sie sich von ihrer Wertebasis, ihrem Universalismus zu verabschieden drohen und damit von weiten Teilen der Legitimation ihrer globalen Politik, indem sie nur noch auf krude militärische Überlegenheit setzen.[29] Ohne jenes, neben allem Realismus, idealistisches Element in der US-Außenpolitik aber verfinstert sich das Gesicht der USA und nimmt das hässliche Aussehen aller anderen Großmächte und ihrer reinen Machtpolitik an. Den Preis dafür wird Amerika in Legitimationsverlust seiner Macht und Politik zu entrichten haben, was sich als sehr viel teurer erweisen wird als die Rolle des gütigen Hegemons.

China hingegen versucht parallel dazu den alten, vom Westen entwickelten Wertekanon als neue globale Führungsmacht zumindest propagandistisch zu übernehmen. Inwieweit ihm dies dann auch in der harten Wirklichkeit gelingen wird, bleibt eine offene Frage, da sich für China aufgrund seiner ganz anderen Traditionen und Realitäten hier sehr schnell eine Glaubwürdigkeitsfalle auftun wird. Denn seine »leninistische Moderne« passt nicht widerspruchsfrei zu den westlich liberalen Werten. Offensichtlich meint man in Peking, dieser Falle durch die Attraktivität des riesigen chinesischen Binnenmarktes und den notorischen materiellen Egoismus der westlichen »Kapitalisten« entgehen zu können. Eine gewisse Zeit mag dies sogar funktionieren, aber dann werden der Mangel an Soft Power sichtbar werden und die Widerstände zunehmen.

Ein zweiter Faktor, diesmal auf dem Gebiet der Ideologie, wird sich hier als ein großer Widerspruch erweisen: Chinas Einparteienstaat hält zwar offiziell am Marxismus-Leninismus aus Gründen der historischen Herrschaftskontinuität und Legitimation der KP fest, hat diesen gleichwohl ideologisch völlig entkernt (Marxismus–Leninismus meint nichts anderes als dessen leninistischen Kern, nämlich die Einparteienherrschaft der KP), sodass als neue Legitimationsideologie mehr und mehr der Nationalismus wird dienen müssen. Nach außen gibt sich das Land internationalisiert, aber im Lande selbst spielt eine »China first«-Politik eine immer größere Rolle, vor allem in der Wirtschaft. »America first« ist der Ausdruck eines Niedergangs amerikanischer Weltgeltung, »China first« markiert den Widerspruch zwischen nationalen und globalen Ambitionen der aufsteigenden Weltmacht.

Mit der »China 2025«-Strategie definierte die Führung im Jahr 2013 die technologisch wichtigsten Sektoren in der chinesischen Wirtschaft, die für deren Transformation zu einer modernen, technologie- und innovationsgetriebenen, nachhaltigen Wirtschaft von entscheidender Bedeutung sind. China orientierte sich hierbei an der deutschen »Industrie 4.0«-Modernisierungsstrategie für eine smarte Produktion im »Internet der Dinge«, geht aber zugleich weit darüber hinaus, denn es betrifft die auf staatlicher Planung beruhende Modernisierung der gesamten chinesischen Volkswirtschaft, aller ihrer Produktionsketten und ihre anzustrebende globale Dominanz. Im Klartext heißt das: Es geht um einen Technologiesprung für eine ganze Volkswirtschaft zum Zwecke auch der globalen Dominanz.

Dieser Widerspruch zwischen einem wachsenden chinesischen Nationalismus, vor allem auch in der Wirtschaft, und der angestrebten globalen Führungsrolle wird in den kommenden Jahren immer offensichtlicher werden und auf Dauer nur schwer zu überbrücken sein. Die Rede Xi Jinpings auf dem XIX. Parteitag der KP Chinas hat die Ansprüche des Landes im 21. Jahrhundert sehr klar zum Ausdruck gebracht. Er sprach dort vom »chinesischen Traum« des »Wiederaufstiegs Chinas« und schlussfolgerte: »Eine große Sache braucht die Führung einer großen Partei.« Bis zum Jahr 2035 soll die sozialistische Modernisierung im Prinzip vollendet sein, d.h., der nächste technologische Sprung in eine moderne, technologiegetriebene, nachhaltige und gerechtere chinesische Volkswirtschaft soll bis dahin erreicht, eine »starke Armee von Weltklasse« soll bis 2025 geschaffen werden. »Zu dem neuen Selbstvertrauen zählt auch ein neues globales Sendungsbewusstsein. Der Parteichef wiederholte mehrfach seine Devise von der Schaffung einer ›gemeinsamen Zukunft der Menschheit‹, an der China mitwirken werde. Bestes Beispiel dafür sei das Projekt der ›Neuen Seidenstraße‹, die von Xi Jinping entworfen wurde und die Chinas Rolle in der Welt weiter aufwerten soll.«[30] China wird damit aber fortan sehr viel mehr Teil globaler und regionaler Spannungen sein, als dies in der Vergangenheit der Fall war. Der Trump'sche Fieberanfall der USA wird mit hoher Wahrscheinlichkeit zeitlich limitiert sein. Es wird nach Trump zwar keine Rückkehr zum Status quo ante mehr geben, es könnte gleichwohl gut sein, dass sich dann, um die USA herum, all jene gruppieren werden, die eine globale Dominanz eines immer nationalistischer werdenden Chinas nicht so einfach zu akzeptieren bereit sind.

Chinas Modernisierungswunder gründete auf Öffnung und Liberalisierung und auf friedlicher Entwicklung. Man darf daher gespannt sein, ob sein weiterer Aufstieg auch unter den Bedingungen von Nationalismus gepaart mit einem neuen Bewusstsein als globaler Führungsmacht, einer autoritären Moderne also, so reibungslos funktionieren wird, wie das in der ersten Phase seiner Modernisierung der Fall war.

China vertraut auf die Macht seines gigantischen Binnenmarktes und dessen Eigengewicht. Das Land wird seine Machtprojektion, jenseits Ostasiens und des westlichen Pazifik, für eine längere Zeit vor allem mittels des Zugangs zu seinem riesigen Binnenmarkt betreiben und weniger durch militärische Macht. Dennoch wird es auch seine militärische Macht systematisch weiter ausbauen, vor allem seine Fähigkeiten im Bereich militärischer Hochtechnologie, aber zugleich sorgfältig darauf achten, nicht in einen Rüstungswettlauf mit den USA hineingezogen zu werden. Wer an seinem Binnenmarkt teilhaben und dort erfolgreich Geschäfte machen will, wird die Bedingungen der neuen Supermacht zu akzeptieren und sich, auch politisch, entsprechend zu verhalten haben: »Kenne deinen Platz und verhalte dich angemessen«. Neben dem Binnenmarkt schickt sich China an, eine zweite Dimension seiner globalen Machtprojektion zu entwickeln: strategische, langfristige Investitionsprojekte wie die Neue-Seidenstraße-Initiative. Dieser Einsatz von vielen Milliarden an Verkehrs- und Infrastrukturinvestitionen liegt sowohl im Interesse der chinesischen Exportwirtschaft als auch im Interesse der zahlreichen kleineren und ärmeren Partnerstaaten entlang der eurasischen Hauptachse. Kontrolliert und zu großen Teilen auch finanziert werden solche Projekte selbstverständlich von Peking und sie gewinnen dadurch ihre strategische Dimension.

Die ostasiatische Landmacht China sieht die eurasische Landmasse zwischen China und Europa

gewissermaßen als ihr Hinterland, als ihre quasi natürliche Einflusszone (neben Asien-Pazifik), aus der
sie glaubt, die Seemacht USA ohne größere Konflikte
heraushalten zu können. Interessenkonflikte sind auf
mittlere Sicht in Zentralasien und im Mittleren Osten
eher mit Russland und Indien zu erwarten. Vor allem
Indien steht angesichts der strategischen Dimension
der Neuen Seidenstraße diesem Projekt voller Misstrauen gegenüber und begreift es als gegen seine eigenen Interessen gerichtet. Indien mit seinen ebenfalls
1,4 Mrd. Menschen könnte deshalb im 21. Jahrhundert durchaus zu einer Art asiatischem Festlanddegen
eines Bündnisses mit der Seemacht USA und mit Chinas ostasiatischem Rivalen Japan und Australien werden, zumal sich Neu-Delhi auch durch die seeseitige
Ausdehnung Chinas mit Stützpunkten am Indischen
Ozean, quasi in seinen »Heimatgewässern«, herausgefordert sieht. China baut Häfen in Sri Lanka, in Myan-
mar und am Arabischen Meer in Pakistan, in der Nähe
des Eingangs zum Persischen Golf (»string of pearls«),
entlang der maritimen Neuen Seidenstraße Richtung
Ostafrika, Europa und des öl- und gasreichen Nahen
Osten.

Russland ist als Ergebnis von Putins Politik einfach
wirtschaftlich und technologisch zu schwach, um eine
Alternative zu der chinesischen Machtprojektion in seiner traditionellen Einflusszone in Zentralasien zu sein,
auch aufgrund seiner Selbstbeschränkung auf die Rolle
eines Energie- und Rohstoffexporteurs und seines Ver-
zichts auf eine breite Modernisierung von Wirtschaft

und Gesellschaft sowie aufgrund seiner Konfrontation mit dem Westen. China dagegen versucht mit friedlichen Mitteln – Investitionen, Entwicklung und Handel – das zu betreiben, was die russischen Zaren mit Waffengewalt im 19. Jahrhundert unternommen haben, nämlich die Ausdehnung ihrer Einflusszone in Nordasien Richtung Osten bis hin zum Pazifik. Nur diesmal geschieht dies Richtung Westen und Richtung Europa und mit friedlichen Mitteln. Es ist schwer, zu prognostizieren, welche geopolitischen Veränderungen dies in der Ordnung Nordasiens mit sich bringen wird.

Russland ist die einzige wirklich eurasische Macht, d.h. das einzige Land, das aufgrund seiner riesigen Ausdehnung beide Kontinente verbindet. Sosehr Russland auch von einer eurasischen Identität und Strategie als Alternative zum transatlantischen Westen und zu Europa begeistert zu sein scheint, ja seine aktuelle Führung und große Teile seiner Eliten sich geistig regelrecht in der eurasischen Idee verfangen haben, so wenig verfügt es über die Kraft, eine eurasische Strategie zu entwickeln und umzusetzen. China hingegen wird dies kraft seiner Stärke und seines Potenzials können.

Gelingt China langfristig sein Projekt Neue Seidenstraße auch nur in Ansätzen, so wird sich nicht nur die Expansionsrichtung in Nordasien umkehren, sondern werden sich auch die machtpolitischen Gewichte grundsätzlich zulasten Russlands verschieben. Im Übrigen wird diese Entwicklung auch für Europa im 21. Jahrhundert von herausragender geopolitischer Bedeutung sein, weil deren Folgen den alten Kontinent direkt berühren werden – Transatlantismus versus Eurasien, diese Alternative wird eine erfolgreiche chinesische Eurasien-Strategie dann für den alten Kontinent mit sich bringen, wenn er sich weiterhin den Luxus von Schwäche erlaubt. Ein geeintes und starkes Europa hingegen könnte auch unter diesen neuen geopolitischen Bedingungen seine Entscheidungsfreiheit und seine Interessen und Werte verteidigen.

Die chinesische Strategie verfolgt globale Ziele und denkt und agiert sehr langfristig. In ihrem Zentrum steht die globale Rivalität mit den USA trotz anhaltender Kooperation. Und Europa könnte in der globalen Machtverteilung des 21. Jahrhunderts trotz seiner demografischen und politischen Schwäche, aber wegen seiner Werte, seiner Technologie und seines nach wie vor vorhandenen Reichtums zum »tipping point« in der globalen Machtverteilung zwischen den USA und China werden. Europa kann an einer solchen Rivalität keinerlei Interesse haben. Eurasien oder Transatlantismus, dabei kann Europa nur verlieren. Wird Europa hingegen stark und geeint sein, so wird es diese Alternative selbstbewusst zurückweisen und aus dem »oder« ein strategisches »und« machen, was im 21. Jahrhundert seinen Interessen entsprechen würde.

China hat, im Gegensatz zum postsowjetischen Russland, erfolgreich fünf Modernisierungen durchlaufen – Landwirtschaft, Industrie, Militär, Wissenschaft und Technik –, Russland dagegen nur eine, nämlich die militärische. Das Land hat unter Putin den entscheidenden Fehler wiederholt, an dem schon die Sowjetunion zugrunde gegangen ist, nämlich vor allem der militäri-schen Macht zu vertrauen. Dieser strategische Groß-fehler wird das Land im 21. Jahrhundert weit zurück-werfen und es wird in einer absehbaren ökonomischen Abhängigkeit von China enden.

Jenseits seiner ostasiatisch-pazifischen Einflusszone strebt China auf absehbare Zeit keine militärische Do-minanz an, sondern setzt in seiner Machtprojektion auf die Wirtschaft und auf strategische Abhängigkeit durch Investitionen, Infrastruktur und Zugang zum chinesischen Markt.

China hat sich bei seinem bisherigen Aufstieg zur globalen Führungsmacht gegenüber den USA klug ver-halten und ist jeder ernsten Konfrontation oder gar ei-nem Wettrüsten mit den USA aus dem Weg gegangen. Es wusste, dass es dieses nur hätte verlieren können, ebenso hätte ein nicht friedlicher Aufstieg zur Welt-macht niemals funktioniert, sondern das Risiko be-deutet, gebremst zu werden oder zu scheitern. China vertraut auf das Schwergewicht seiner wirtschaftlichen und technologischen Entwicklung, die aus sich heraus, wenn sie anhält, alles andere, unter Einschluss der Machtpolitik, zu seinen Gunsten richten wird.

Gewiss investiert Peking auch erhebliche Summen in die Modernisierung seiner Streitkräfte, allerdings un-terhalb der Schwelle eines Rüstungswettlaufs mit der amtierenden weltweiten Nummer eins, den USA.[31] Die jüngere Geschichte hat zudem gezeigt, dass unter der Oberfläche der Rivalität zwischen diesen beiden großen Mächten tatsächlich eine intensive Zusammenarbeit im Interesse beider möglich war. »Chimerica« ist eben nicht nur eine rhetorische Fantasie überhitzter Gemüter von Geopolitikern, sondern hat ein Fundament in der Sache: Ohne die Öffnung des US-Marktes für chinesische Waren und ohne die Reinvestitionen der chinesischen Dollarerträge in die US-amerikanische Staatsschuld wäre der Aufstieg Chinas niemals so schnell möglich gewesen. Tatsächlich haben die USA mit der Öffnung ihres Binnenmarktes China diesen schnellen Aufstieg ermöglicht, während China zum größten ausländischen Gläubiger der USA wurde (fast zu gleichen Teilen gemeinsam mit Japan) und so deren Supermachtstatus und Lebensstandard mitfinanzierte.

Diese Zusammenarbeit, die über lange Zeit funktioniert hat und auch heute noch, trotz aller Rhetorik von Präsident Trump, funktioniert, spricht dafür, dass es im 21. Jahrhundert tatsächlich nicht zu einer Wachablösung, sondern zu einem Duopol kommen könnte, einer Art Doppelspitze durch die beiden Großen. Objektiv gesehen, entlang ihrer Interessen und unter Weglassung subjektiver Faktoren wie Prestige, Anerkennung, Nationalismus und Persönlichkeiten, würde eine solche Machtteilung in der globalen Führungsposition durchaus Sinn ergeben, da die Welt zu groß und ihre Führung selbst für die größte Macht des 21. Jahrhunderts zu kompliziert ist und sich beide Seiten objektiv eher ergänzen (Land-See-Macht). Das gilt selbst für die amerikanische Militärmacht, die bis heute die globalen Handelswege, von denen China in einem hohen Maße abhängt, sichert.

Freilich ist der subjektive Faktor alles andere als zu vernachlässigen, zumal im regionalen Umfeld Ostasiens, das jede Menge Konfliktstoff birgt: Die koreanische Halbinsel und der Streit mit Japan um unbewohnte Inseln im Ostchinesischen Meer, der chinesische Einflusszonenanspruch auf das gesamte Südchinesische Meer, Taiwan, die Ängste und Ambitionen Japans, die latente Konfrontation zwischen chinesischem und japanischem Nationalismus und die daran hängende Mächterivalität, der schwelende Grenzkonflikt mit Indien, die chinesische Seerüstung, die nach Meinung des US-Militärs allein dazu dient, den Zugang der amerikanischen Trägerflotte zu der ersten Inselkette (Taiwan) vor der chinesischen Küste zu blockieren – all das sind gefährliche Konfliktfelder, die recht schnell in eine heiße Konfrontation mit den USA führen können.

Solange es daher chinesische Politik ist, zu versuchen, die USA aus innenpolitischen Prestigeerwägungen aus ihrer unmittelbaren Einflusszone heraus zu verdrängen[32], anstatt sie als positiven Stabilitätsfaktor zu sehen (so verhindert etwa die Nukleargarantie der USA für Japan und Südkorea bisher erfolgreich deren Aufrüstung mit eigenen Atomwaffen, was auch im Interesse Chinas liegt. Peking weiß nur zu gut, dass ein Rückzug der USA die sofortige Nuklearisierung dieser beiden Staaten zur Folge hätte!), wird Ostasien instabil bleiben. Mehr noch, solange China die USA als »raumfremde« Hegemonialmacht aus der asiatisch-pazifischen Region hinauszudrängen versucht (aus Sicht der USA hochgefährlich!), bringt diese Politik die Gefahr von Spannungen oder sogar einer direkten militärischen Konfrontation mit sich und droht die Zusammenarbeit der beiden Großen immer wieder zyklisch zu belasten. Diese für die Weltordnung des 21. Jahrhunderts entscheidende Beziehung wird daher aufgrund der anhaltenden Rivalität in sich nicht sehr stabil sein, was wiederum für die globale Ordnung der Zukunft keine gute Nachricht ist.

Hinzu gesellt sich die Frage, wie sich China gegenüber der existierenden internationalen Ordnung, von der es nicht nur als permanentes Sicherheitsratsmitglied der UN profitiert, verhalten wird, ob es zur Aufrechterhaltung dieser Ordnung beitragen oder ob es sich gegen den existierenden Status quo der auf Regeln basierten internationalen Ordnung positionieren wird, weil diese ohne China zustande gekommen sei und nicht seinen Interessen, seinem internationalen Gewicht und seinem Prestige entspräche.[33]

Fehler der USA und Japans verstärken diese Tendenz. Als China zu Recht verlangte, aufgrund seines gewachsenen wirtschaftlichen Gewichts mehr Einfluss in den internationalen Finanzinstitutionen wie IMF, Weltbank und in der Asiatischen Entwicklungsbank zu bekommen, und die dafür notwendigen Entscheidungen immer weiter verzögert wurden, entschied sich Peking zur Gründung eines faktischen Konkurrenzunternehmens (die Asian Infrastructure Investment Bank – AIIB), dem zwar die großen europäischen Staaten angehören, nicht aber die USA und Japan. An diesem Beispiel lässt sich zugleich die politische Wirkungsweise der überragenden wirtschaftlichen Macht Chinas im 21. Jahrhundert sehr gut nachvollziehen, denn Europa und die USA, also der Westen, wurden durch die Sogkraft der wirtschaftlichen Macht Chinas auseinanderdividiert. Die aktive Infragestellung des Status quo seitens Chinas wirkt ebenfalls destabilisierend im Binnenverhältnis von Chimerica und entspricht zudem dem klassischen Konfliktmuster zwischen auf- und absteigender Großmacht.

Es wird zudem nur eine Frage der Zeit und der weiteren ökonomischen Entwicklung Chinas sein, bis die chinesische Währung Renminbi (RMB) den amerikanischen Dollar in seiner globalen Rolle herausfordern wird. Auf jeden Fall liegt diese Entwicklung in der Logik der chinesischen Ambitionen. Allerdings wird es dazu noch weiterreichender Liberalisierungen der Finanzmärkte und auch des politischen Systems bedürfen, was wiederum im Widerspruch zum absoluten Kontrollanspruch der KP stehen wird.[34]

Wenn sich im 21. Jahrhundert die beiden globalen Großmächte also in jener schon weiter oben zitierten »Falle des Thukydides« verfangen sollten, dann kann das aufgrund konkurrierender Hegemonialansprüche und zahlreicher Regionalkonflikte und -konkurrenzen vor allem in der asiatisch-pazifischen Region geschehen, die sich um das neue globale ökonomische Gravitationszentrum in Ostasien mit dem Dreieck China, Japan und Südkorea (Taiwan und Singapur kann man hinzuzählen) gebildet hat. Die Schwerkraft dieses neuen Zentrums der Weltwirtschaft wäre bereits in der Gegenwart noch sehr viel spürbarer, wenn diese asiatischen Mächte ihre internen Konflikte und Widersprüche ausgeräumt hätten und zu gemeinsamem Handeln in der Lage wären – etwa mit der Bildung einer ostasiatischen Wirtschaftsgemeinschaft oder gar einer ostasiatischen Währungsunion. Dem steht aber die Angst Japans vor dem Aufstieg Chinas zur führenden Weltmacht des 21. Jahrhunderts entgegen, den das Land allerdings, selbst im für ihn besten Falle, nicht wird blockieren können. Japan kann allerhöchstens die Zerrissenheit und Uneinigkeit Ostasiens verlängern, nicht aber Chinas Aufstieg verhindern. Das könnte allein die chinesische Führung selbst, durch Ungeduld und eine Politik des Risikos bis hin zur Konfrontation. Aus heutiger Sicht spricht allerdings wenig für einen solchen Absturz Pekings in die Unvernunft.

Hinzu kommt in der Region die Last der Geschichte des 20. Jahrhunderts. Japan hat sich für den Überfall und die barbarischen Gräuel seiner Armee, begangen im Zweiten Weltkrieg, weder gegenüber China noch gegenüber Korea, den beiden Hauptbetroffenen, wirklich entschuldigt und nicht aktiv die Aussöhnung mit seinen ehemaligen Kriegsgegnern und Opfern des japanischen Überfalls in Ostasien während des Zweiten Weltkriegs gesucht. Kein japanischer Ministerpräsident hatte etwa die Größe und moralische Kraft eines Willy Brandt, der vor dem Denkmal für den Aufstand im Warschauer Getto in die Knie sank und mit dieser starken Geste für sein Land um Vergebung und Versöhnung bat. Der Aufstand war von der nationalsozialistischen Besatzungsmacht und der SS barbarisch niedergeschlagen worden, die überlebenden Juden wurden in die Vernichtungslager transportiert und dort ausnahmslos ermordet.

In Ost- und Südostasien war nach dem Zweiten Weltkrieg nichts Vergleichbares geschehen, was angesichts der japanischen Tradition und der uralten, alle historischen Brüche überdauernden Selbstdefinition Japans nicht wirklich verwundern kann. Und so spielt die Last der Geschichte zwischen den wichtigsten Akteuren des neuen weltwirtschaftlichen Gravitationszentrums eine zusätzlich belastende und trennende Rolle.

Ostasien ist das Zentrum des 21. Jahrhunderts, zugleich ist es aber im Großmachtdenken und in der Mächterivalität des europäischen 19. und der ersten Hälfte des 20. Jahrhunderts gefangen. Es gibt zu dem Europa der Vergangenheit allerdings einen entscheidenden Unterschied: Atomwaffen. Ostasien heute hat es mit einem möglichen »heißen« Konflikt zwischen atomaren Großmächten (China, USA und Russland) oder regionalen kleineren Atommächten (Nordkorea) oder Fastatommächten (Japan, Südkorea[35]) zu tun. Das neue Kraftzentrum der Weltwirtschaft lebt unter dem Damoklesschwert einer nuklearen Konfrontation. Der Auslöser könnte der Versuch des nordkoreanischen Regimes sein, Atommachtstatus inklusive Interkontinentalraketen zu erlangen, welche die großen Metropolen der Westküste der USA erreichen und so bedrohen könnten. Ein Präventivkrieg seitens der USA, um das nordkoreanische Regime daran zu hindern, würde dieses für die Weltwirtschaft entscheidende Kraftzentrum gefährden. Zudem wäre die chinesische Reaktion auf einen solchen Präventivschlag ungewiss. Hinzu käme, dass ein solch »heißer« Krieg auf der koreanischen Halbinsel sehr schnell auf Taiwan übergreifen und ganz Ostasien in Brand setzen würde.

Die Nuklearrüstung Nordkoreas bringt nur schlechte Optionen mit sich, denn selbst wenn es nicht zu einer militärischen Konfrontation kommt, würde die Nuklearisierung Nordkoreas wohl den Beginn des Endes des Atomwaffensperrvertrages einläuten. Wenn ein so kleines und armes Land wie Nordkorea sich in dieser Frage gegen die versammelten nuklearen Großmächte trotz harter Wirtschaftssanktionen des Sicherheitsrates der Vereinten Nationen durchsetzen kann, dann werden das auch andere können. Eine Welt voller Atomwaffen und zahlreicher kleinerer Atommächte mit all ihren regionalen Interessen und Feindschaften, Ideologien und nicht staatlichen Akteuren als verdeckte Partner wäre eine unsichere und instabile Welt und würde die Terrorismusbedrohung auf eine völlig neue Stufe heben. Ob China bereits heute zu Recht einen weltweiten Führungsanspruch erhebt, wird sich deshalb auch daran erweisen, ob das Land in der Lage sein wird, diese Bedrohung des regionalen und globalen Friedens, die gewissermaßen in seinem Hinterhof entstanden ist, gemeinsam mit den anderen beteiligten Großmächten zu neutralisieren oder zumindest wirksam einzudämmen.

Die Übernahme des globalen Erbes des Westens wird alles andere als einfach für die aufsteigende Weltmacht China werden. Afghanistan wird wohl zu diesem westlichen Erbe gehören, und angesichts der absehbaren neuen asiatischen Mächterivalität wird das Land auch nach dem Abzug des westlichen Militärs im 21. Jahrhundert ein Zankapfel zwischen Indien und China/Pakistan bleiben, mit dem Iran und Russland am Rande und potenziell Indien zuneigend. Die Konfrontation mit dem radikalen Islam wird sich auch für China mit seinem weiteren Vordringen Richtung Westen verstärkt stellen. Denn China dringt damit in die muslimische Welt ein.

Tatsächlich hat diese Konfrontation in Chinas fernem Westen, in Xinxiang, mit seinen dort lebenden, nach Unabhängigkeit strebenden muslimischen Uiguren, bereits begonnen. Diese Konfrontation wird für den Erfolg des Seidenstraßenprojekts von großer Bedeutung sein, denn Terrorismus und Destabilisierung in Zentralasien könnten es gefährden oder zumindest verzögern. Es bleibt daher eine offene Frage, ob China sich klüger als der Westen in dieser Konfrontation verhalten und die Bedeutung der kulturell-religiösen Dimension in dieser Konfrontation erkennen wird. Wenn China, wie der Westen vor ihm, vor allem auf die repressiv militärische Karte setzen wird, wofür angesichts seines Umgangs mit der uigurischen Rebellion vieles spricht, wird es fast zwanghaft dieselben Fehler machen und deshalb auch dieselben Probleme erben.

Man kann in den aktuellen Veränderungen der

Machtgewichte in der Welt zuungunsten des Westens und mit dem Aufstieg Chinas nicht nur eine sich abzeichnende Veränderung in der Spitzenposition erkennen, sondern sie drückt sehr viel mehr aus: Die neue Weltordnung des 21. Jahrhunderts wird ganz allgemein den Aufstieg anderer Weltteile, vorneweg Ostasiens, mit sich bringen. Auch diese Tatsache wird in dem Aufstieg Chinas sichtbar. Das Zeitalter des Westens geht in unserer Zeit global zu Ende.

# Europa im 21. Jahrhundert –
# Erneuerung oder Selbstaufgabe

Was wird nun Europas Rolle in der Weltordnung des 21. Jahrhunderts sein? Die Antwort auf diese Frage wird über das zukünftige Schicksal der Europäer entscheiden. Das Erste, was dabei beantwortet werden muss, ist, ob Europa mehr als die geografische Bezeichnung eines Kontinents sein wird und sein will, ob es zu seiner politischen und wirtschaftlichen Einheit, ja zu einer gemeinsamen europäischen Identität finden wird. Als Teil des transatlantischen Westens wird Europa zumindest mit einem relativen, wenn nicht gar absoluten ökonomischen und politischen Abstieg fertigwerden müssen. Dazu gehören nicht nur eine neue globale Macht- und Wohlstandsverteilung, sondern auch die sich daraus ergebenden internen Friktionen und Herausforderungen.

Die USA werden noch auf Jahre hinaus mit weitem Abstand die stärkste globale Macht bleiben, auch wenn sie sich in dieser Rolle zunehmend durch China herausgefordert sehen werden. Europa hingegen droht sich in fast allen Belangen nicht nur relativ, sondern absolut durch seinen Abstieg zu verschlechtern:

demografisch, machtpolitisch, wirtschaftlich und mit hoher Wahrscheinlichkeit auch technologisch, wenn es die Dinge weitertreiben lässt wie bisher. Ein mentaler und auch tatsächlicher Rückzug Europas auf das 19. Jahrhundert mit seinen damals die Welt beherrschenden Nationalstaaten wird gegen diese reale Drohung des Niedergangs nicht helfen, sondern im Gegenteil ihn sogar noch verstärken.

Dass es ernst wird für Europa, kann man an einem Sektor sehen, der bis zur Stunde noch als eine der entscheidenden Stärken Europas gilt: die Hochtechnologie. Zwar besitzen die Europäer im Bereich der Informationstechnologie nach wie vor eine gute, gleichwohl nicht mehr optimale Position, vor allem in der Forschung und in ihrer industriellen Anwendung (business to business), sie verfügen aber im Konsumentenbereich (business to consumer) und bei den großen Handelsplattformen des E-Commerce kaum über wettbewerbsfähige Unternehmen, die es mit den Giganten der amerikanischen Westküste oder Chinas ernsthaft aufnehmen könnten. Europa heute ist stark in den Technologien und Industrien des 20. Jahrhunderts, aber schwach in denen des 21. Jahrhunderts. Diese werden aber die Zukunft bestimmen, auch in den traditionellen Bereichen wie etwa der Autoindustrie, die für das Europa der Gegenwart die Schlüsselindustrie ist, von der Beschäftigung, Einkommen und Wohlstand insgesamt abhängen. Ganz generell wird Software die Hardware dominieren, auch machtpolitisch.

Vergleicht man hingegen das neue weltwirtschaftliche Kraftzentrum Ostasien mit Europa, so ist dieser Industriesektor der Zukunft sowohl in China als auch in Japan, Südkorea und Taiwan stark entwickelt. Das Gleiche gilt für Indien. Dieser technische Vorsprung Asiens wird auf mittlere Sicht auch massive Auswirkungen auf Wissenschaft und Forschung haben. Europa gilt zwar nach wie vor als ein Reservoir an hervorragenden Experten, diese werden aber zunehmend von den Unternehmen des Silicon Valley oder Chinas mit ihrer überragenden Kapitalkraft abgeworben. Dies gilt auch für deutsche Experten im Bereich des autonomen Fahrens oder bei der Entwicklung einer chinesischen Alternative zu den Elektromobilen der US-amerikanischen Firma Tesla.[36]

Bei dieser bereits heute sichtbaren Entwicklung geht es nicht nur um die industrielle Präsenz der Europäer in einzelnen Technikbereichen der Zukunft, sondern generell um ihre Position in einer der entscheidenden Spitzentechnologien des 21. Jahrhunderts. Noch hat sich das Fenster für die Europäer nicht endgültig geschlossen, aber angesichts der Geschwindigkeit der Entwicklung und der europäischen Langsamkeit droht hier die echte Gefahr, dass Europa endgültig abgehängt wird. Denn ohne starke europäische Unternehmen im IT-Sektor und eine auf ausreichendem Risikokapital beruhende dynamische Start-up-Szene droht Europa wahlweise zum Übernahmefall für Silicon Valley oder Shenzhen oder für beide zu werden, allesamt keine wünschenswerten Aussichten. Es gibt für eine eigenständige europäische Start-up-Ökonomie zwar sehr vielversprechende Ansätze, in London, Paris, Berlin und in vielen anderen Städten Europas, gerade auch in Osteuropa, aber von einer bestimmten Entwicklungsstufe an werden diese jungen Unternehmen oder ihre Technologie meist an amerikanische Investoren (und zunehmend auch an asiatische) verkauft, da nur jenseits des Atlantiks und in Asien ausreichend Risikokapital für ihr weiteres Wachstum gefunden werden kann. Europa hält sich bei Risikokapital auffallend zurück, obwohl es dem alten Kontinent nicht an Kapital mangelt, wohl aber an Risikobereitschaft. Hält diese Entwicklung an, so wird Europa beim nächsten Techniksprung und vor allem bei seiner industriellen Umsetzung via Big Data hin zur künstlichen Intelligenz (KI) weit zurückgeworfen und seine wirtschaftliche Stellung ernsthaft bedroht werden mit negativen Auswirkungen für seinen Wohlstand und seine Sozialstaatsfinanzierung. Auch machtpolitisch hätte eine solche negative Entwicklung in einer der entscheidenden Spitzentechnologien sehr ernste Konsequenzen, weil dann Europa auch in der militärischen Spitzentechnologie nicht mehr oder nicht mehr ausreichend präsent wäre, was dann zwangsweise neue politische Abhängigkeiten nach sich zöge.

Die EU ist für Europa zuerst und vor allem eine Ordnungsfrage, genauso wie das Festhalten an der tradierten nationalstaatlichen Souveränität. Es sind zwei sich einander ausschließende Ordnungsmodelle für die Staatenwelt des europäischen Kontinents, die zugleich Ausdruck höchst unterschiedlicher Gründe in der europäischen Geschichte sind. Die EU folgt ihrem mittels bitterer Erfahrungen im 19. und 20. Jahrhundert gewonnenen Motto, das da lautet: »Nie wieder!« Die traditionelle europäische Erzählung, die der EU zugrunde liegt, handelt überwiegend von der Vergangenheit Europas in der ersten Hälfte des 20. Jahrhunderts mit seinen beiden Weltkriegen und zahlreichen Diktaturen und der über vier Jahrzehnte währenden europäischen Teilung im Kalten Krieg inklusive der sowjetischen Bedrohung Westeuropas und der Zwangssowjetisierung Osteuropas. Diese Zeit, vor allem die Kriege, die man auch mit guten Gründen als europäische Bürgerkriege bezeichnen kann, sollten sich niemals mehr wiederholen. Aus dieser Erfahrung entstand die Idee, jene für den kontinentalen Frieden bedrohliche Konfrontation der strategisch zentralen Interessen (damals ging es noch um Kohle und Stahl) zwischen den wichtigsten europäischen Mächten und das fragile Gleichgewicht der Mächte hinter sich zu lassen und so das europäische Staatensystem auf ein neues Prinzip zu gründen, nämlich das der Integration der Interessen und Mächte und der Herrschaft des gemeinsamen Rechts statt eines prekären Gleichgewichts und der Herrschaft der Macht.

Das Ergebnis war die EU mit ihrem gemeinsamen Markt, ihrer Zoll- und Währungsunion und dem Euro, politisch eine lose Konföderation von souveränen europäischen Staaten, ergänzt durch demokratische (Europaparlament) und bundesstaatliche Elemente echter Integration (etwa im Außenhandel) und durch einen gemeinsamen Rechtsraum. Die EU heute verfügt also über ein hybrides Wesen und hängt irgendwo zwischen Bundesstaat und Konföderation fest. Und genau das ist ihr größtes Problem in diesem Jahrhundert, weil sie sich damit selbst zu mangelnder Effizienz und fortdauernder Krisenanfälligkeit und introspektiver Selbstbeschäftigung verurteilt. Aber mehr als siebzig Jahren nach dem Ende des Zweiten Weltkriegs scheint unter den Europäern sowohl die Erinnerung an diese Katastrophe als auch an ihre Ursachen zu verblassen. Und so kehren der alte, unheilvolle nationalstaatliche Egoismus und der diesen ideologisch ausdrückende Nationalismus zurück.

Das Vergangenheits- und Friedensnarrativ gehört zu den bleibenden Bestandteilen des Selbstverständnisses Europas, aber es ist in unserer Zeit ganz offensichtlich allein nicht mehr zureichend. Jenes alte »Nie wieder!« muss durch ein neues »Nur gemeinsam!« ergänzt werden. Das neue Narrativ muss von der europäischen Zukunft handeln, die nicht mehr von einzelnen souveränen europäischen Staaten bestimmt werden wird, sondern von einer gemeinsamen europäischen Souveränität, die auf den Mitgliedstaaten und der europäischen Demokratie und ihrem gemeinsamen Rechtsraum gründet. Die Alternative zu dieser gemeinsamen Souveränität im 21. Jahrhundert heißt für die Europäer schlicht und einfach Fremdbestimmung. Wer, der seine fünf Sinne beieinanderhat, kann dies ernsthaft wollen?

Die EU gehört mit ihrem 500 Mio. Menschen umfassenden Binnenmarkt (nach dem Austritt Großbritanniens wohl nur noch 450 Millionen) zu den wohlhabendsten Regionen der Gegenwart, verfügt über genügend Kapitalreserven, über hervorragende Bildungs- und Forschungseinrichtungen. Die Europäer sind nach wie vor in der technologischen Weltspitze präsent (wenn auch ihr Status in Zukunft bedroht sein könnte), und die Mehrheit der heute lebenden Menschen würde es vorziehen, in Europa zu leben – woran liegt es also, dass Europa gegenwärtig so schwach wirkt? Es kann nicht an der mangelnden Substanz, an der Auszehrung der materiellen Grundlagen liegen. Noch nicht.

Es ist vielmehr das Festhalten Europas an seiner tradierten Organisationsform, am europäischen Nationalstaat (und eben nicht an den Nationen!) des 19. Jahrhunderts, der ganz offensichtlich angesichts der neuen globalen Größenordnungen des 21. Jahrhunderts dysfunktional, politisch und wirtschaftlich zu schwach geworden ist. Nach Jahrzehnten des gemeinsamen Marktes in der EU muss man feststellen, dass eine vor allem wirtschaftliche Integration ohne vertiefte politische Integration nicht ausreicht, um unter den Bedingungen der neuen globalen Größenordnungen und ihres Wettbewerbs erfolgreich bestehen zu können. Es geht in diesem Wettbewerb nicht nur um den wirtschaftlichen Erfolg, sondern, so wichtig dieser auch immer sein mag, vor allem um die europäische Sicherheit und um die europäische Identität, d.h. um unseren europäischen Lebensstil und damit um unsere demokratische

Selbstbestimmung unter der Herrschaft des Rechts, die den Kern dieses Lebensstils ausmacht und um die die Europäer weltweit beneidet werden.

Der hybride Charakter der EU – einerseits zwischenstaatliche Zusammenarbeit als Konföderation souveräner Staaten, andererseits echte integrierte Föderation als Union mit direkt gewähltem Parlament, dem jedoch wichtige Rechte wie das Haushalts- und Antragsrecht für eine eigenständige europäische Gesetzgebung fehlen – wurde bereits weiter oben erwähnt. Ebenso die aktuelle Blockade für einen weiteren Entwicklungsfortschritt. Es empfiehlt sich daher, einen Schritt zurückzutreten und zu überlegen, welche Strategie am meisten Erfolg verspricht – die zwischenstaatliche (intergouvernementale) oder die integrative. Europa droht angesichts der globalen Achsenverschiebungen, aber auch der Beinahekatastrophe bei den jüngsten französischen Präsidentschaftswahlen, die Zeit davonzulaufen. Passives Abwarten und Vertrauen auf den Status quo kann angesichts dieser Risiken keine ernsthafte Option sein, wenn man den Erfolg des gesamten Projekts nicht sehenden Auges infrage stellen will.

Ein weiterer Integrationsfortschritt durch eine vertiefte Souveränitätsübertragung auf die Brüsseler Kommission und das Europaparlament scheint für die nähere Zukunft aber wenig realistisch zu sein, die Blockaden sind innerhalb der 27 Mitgliedstaaten leider zu stark, nicht nur in Polen und Ungarn, sondern auch in den älteren Mitgliedstaaten. Ebenso klar scheint daher zu sein, dass jeglicher weitere Integrationsfortschritt kaum von 27 Mitgliedstaaten zugleich wird angegangen werden können.

Auch wenn es der Realismus gebietet, anzuerkennen, dass die Befürworter einer politisch weitergehenden Integration der EU im Augenblick kaum eine Mehrheitschance haben – und diese demokratische Mehrheit wird es dazu unbedingt brauchen –, so scheint mir dennoch der Augenblick gekommen, den nackten Integrationspragmatismus der Proeuropäer hinter sich zu lassen und um eine politische Strategie zur Rückgewinnung einer weiteren politischen Integration zu ergänzen. Das wird aber ohne eine erneuerte Vision eines gemeinsamen Europas nicht gehen.

Kurzfristig wird eine Gruppe von Willigen, eine Kerngruppe der Mitgliedstaaten, vorangehen müssen, weil der Union die Zeit davonläuft. Zuwarten geht nicht länger, ebenso wenig wie eine Einstimmigkeit voraussetzende Vertragsänderung. Folglich bleibt nur eine Avantgardelösung, eine EU der zwei Geschwindigkeiten auf intergouvernementaler Grundlage. Diejenigen Mitgliedstaaten, die vorangehen wollen und können, sollten gemeinsam vorangehen, was der Lissabon-Vertrag gemäß seinem Artikel 20 mit der Möglichkeit der verstärkten Zusammenarbeit[37] und im militärischen Bereich mittels Artikel 42 über die »ständige strukturierte Zusammenarbeit« (SSZ oder »Pesco« in Englisch) innerhalb der EU ausdrücklich zulässt.

Es war sicherlich richtig, den Zusammenhalt der EU 27 soweit nur irgend möglich, zu verteidigen, aber angesichts der französischen Erfahrung in diesem Jahr und der globalen Veränderungen muss die EU jetzt handeln und einige Mitgliedstaaten müssen vorangehen, und sei es um den Preis verschiedener Geschwindigkeiten. Nach Lage der Dinge kann diese Avantgarde jenseits der gemeinsamen Verteidigungsanstrengungen nur die Euro-Gruppe sein, denn ihre Mitglieder haben bereits einen entscheidenden Schritt vorangetan mit der Zusammenführung ihrer Währungssouveränität. Zudem wird die Stabilisierung der Eurozone gemeinsam mit der Stärkung der europäischen Sicherheitspolitik unter Einschluss der Terrorbekämpfung und einer gemeinsamen Sicherung der Außengrenzen im Zentrum dieses Neuanfangs stehen müssen. Ebenso wird an einer gemeinsamen Asyl- und Zuwanderungspolitik kein Weg vorbeiführen, da die bisherige EU-weite Asylregelung gescheitert ist: die sogenannte Dublin-Verordnung lädt alle Verantwortung bei den Erstaufnahmestaaten wie Griechenland und Italien ab. Diese Konstruktion hätte nur funktionieren können, wenn sie um einen Mechanismus der Weiterverteilung antragsberechtigter Flüchtlinge und Asylbewerber auf alle Mitgliedstaaten ergänzt worden wäre. An dieser mangelnden Solidarität innerhalb der EU-Mitgliedstaaten ist die Dublin-Verordnung letztendlich gescheitert, auch wenn sie de jure immer noch in Kraft ist.

Die Asyl- und Zuwanderungsfrage EU-weit zu regeln, wird ein hartes Brot werden, da vor allem die osteuropäischen Mitgliedstaaten sich hierbei verweigern werden und der zunehmende Druck durch die Wahlerfolge fremdenfeindlicher Parteien und durch mangelnde Erfolge und wachsende Probleme bei der Integration der Neuankömmlinge zunehmend auch die älteren Mitgliedstaaten vor große Akzeptanzprobleme und unter erheblichen innenpolitischen Druck stellen werden. Dennoch haben in der Frage des Asyls und der Zuwanderung nationale Lösungen angesichts der EU-internen Bewegungsfreiheit im Schengen-Raum keinen Sinn mehr. Es wird in dieser Frage also viel Geduld vonnöten sein und die Erkenntnis wachsen müssen, dass die viel beschworene Solidarität innerhalb der EU keine Einbahnstraße ist, sondern auf Gegenseitigkeit beruhen muss, so sie nicht erodieren soll.

Ein Europa der zwei Geschwindigkeiten ist alles andere als eine optimale Lösung, aber angesichts der Alternativen ein vertretbarer Kompromiss, auch wenn es außereuropäische Mächte wie China dazu einladen wird, in die europäische Peripherie mittels massiver Investitionen in Infrastruktur und Unternehmen einzudringen. Dies geschähe jedoch ohnehin, auch ohne zwei Geschwindigkeiten, in einem Europa ganz ohne jegliche Geschwindigkeit. Die Beispiele Griechenlands und auch anderer Staaten mit Kandidatenstatus an der südöstlichen Peripherie zeigen dies.[38] Man wird diese Entwicklung im Zusammenhang mit der Seidenstraßeninitiative in Zukunft auch verstärkt in Osteuropa (Polen, Ungarn) erleben, aber solange China damit, anders als Russland, keine militärische Präsenz verbindet, was angesichts der Entfernungen wenig wahrscheinlich ist, wird die EU damit leben können und müssen. Die Präsenz und die Ambitionen Chinas könnten sogar als

Beschleunigungsfaktor für die Projekte der EU und deren Finanzierung in diesen Regionen wirken, was alles andere als negativ wäre. Die EU wird sich der strategischen Dimension dieser Herausforderung allerdings bewusst sein müssen.

Jene Staaten aber, die der Avantgarde angehören, werden darüber hinaus große Anstrengungen unternehmen müssen, um ein Europa auch mit zwei Geschwindigkeiten zusammenzuhalten und zugleich voranzubringen, d.h., die Tür für den Beitritt zur Kerngruppe für alle, die wollen und können, offen zu halten und zugleich energisch die Integration in der Gruppe zu vertiefen. Ein Europa der zwei Geschwindigkeiten ist keine Absage an ein gemeinsames Europa, ganz im Gegenteil ist es ein Ja zur Erneuerung der EU. Je erfolgreicher sich dieser Prozess entwickeln wird, desto mehr Mitgliedstaaten werden sich ihm anschließen und Europa erneut zusammenführen.

Entscheidend wird es bei diesem Neuanfang in der EU auf den Kern des Kerns ankommen, auf Frankreich und Deutschland. Es sind dies nicht nur die beiden größten Volkswirtschaften und bevölkerungsreichsten Länder in der EU, Frankreich ist auch der militärisch stärkste Mitgliedstaat, Nuklearmacht und ständiges Mitglied im Sicherheitsrat der Vereinten Nationen mit dem Anspruch einer globalen Machtprojektion. Das Gebäude der EU ist auf der französisch-deutschen Aussöhnung errichtet worden, beide Nationen sind von alten Erbfeinden zu füreinander unverzichtbaren Freunden und Partnern geworden. Beide Volkswirtschaften sind heute fast untrennbar miteinander verflochten, und ihre jeweiligen nationalen Schicksale hängen sowohl vom Gelingen Europas als auch von ihrer bilateralen Verzahnung ab. Die Le-Pen-Krise im Frühjahr 2017 hat diesen Stand der Dinge zwischen dem deutsch-französischen Paar unzweideutig klargemacht.

Was wäre denn gewesen, wenn Marine Le Pen gewählt worden und in den Élysée-Palast als Staatspräsidentin eingezogen wäre? Ein rasches Ende des Euro, eine weltweite Wirtschafts- und Finanzkrise, die jene von 2008 noch um Faktoren übertroffen hätte, ein wirtschaftlicher Absturz für Frankreich und Deutschland (man scheint in Deutschland diese Gemeinsamkeit im Absturz energisch zu verdrängen!). Das Ende der EU mit ihrem gemeinsamen Markt wäre wohl die Konsequenz gewesen. Was wäre dann aus Deutschland geworden – ohne die USA, ohne Großbritannien, ohne Frankreich und ohne Europa? Eine Verschiebung von Deutschlands innerer Achse zurück Richtung Osten, Richtung Russland, oder Neutralität? Deutschland erneut als »Weltkind in der Mitte«, ohne feste Verankerung im Westen und in Europa? Allein die Vorstellung macht schaudern, war aber im Frühjahr 2017 eine sehr konkrete Gefahr.

Wer die deutsche Innenpolitik verfolgt, der kann nur erstaunt darüber sein, wie wenig die Tatsache der Abhängigkeit des Landes, seiner Wirtschaft und Politik vom Gelingen der EU, des Euro und der deutsch-französischen Beziehung ins kollektive Bewusstsein

Deutschlands und seiner politischen Elite eingedrungen ist. Diesseits des Rheins reagiert man angesichts der Vorschläge des französischen Staatspräsidenten Macron zur Erneuerung der EU tatsächlich so, als wenn Deutschland ernsthaft über mehrere Optionen verfügen würde – ein Zyniker würde sie mit »Trump oder Putin?« zusammenfassen. Aber dies ist ein fataler Irrtum. Macron bedeutet für Europa eine große, vielleicht sogar die letzte Chance, die Deutschland im eigenen Interesse nicht verstreichen lassen darf. Denn, wie bereits gesagt, spätestens 2022, bei den nächsten französischen Präsidentschaftswahlen, droht die Uhr dann endgültig abzulaufen.

Eine Erneuerung der Europäischen Union im 21. Jahrhundert und nach Brexit und Trump muss, bevor man institutionelle und Verfahrensänderungen angeht, mit einer Erneuerung in den Köpfen, mit einem neuen Denken beginnen. Wenn die Europäer im 21. Jahrhundert nicht in Fremdbestimmung enden wollen, dann werden sie endlich damit anfangen müssen, als Europäer die Welt und ihre eigenen Werte, Interessen und Ziele strategisch zu sehen und zu definieren. In einer Welt, die sich neu ordnet, wird Europa darauf nicht verzichten können, wenn es bei dieser Neuordnung nicht zu den Verlierern gehören möchte. Bei dieser strategischen Selbstdefinition Europas in einer neuen Weltordnung werden vor allem die großen Mitgliedstaaten gefragt sein, denn nur sie haben dafür das Potenzial und auch die notwendige Tradition. Strategisch meint hier nicht allein den militärischen Sektor, der andererseits auf keinen Fall unterschlagen werden darf, sondern auch eine gemeinsame Außen- und Entwicklungspolitik, die Zukunft der EU-Erweiterung, die Industriepolitik, die strategische Technologieentwicklung, Forschung und Entwicklung bis hin zur Bildung strategischer Großunternehmen.[39] Der Plural in »die großen Mitgliedstaaten« führt hier allerdings in die Irre, denn allein Frankreich verfügt über eine mehr oder weniger ungebrochene Großmacht- und damit auch strategische Denktradition, verfügt über Nuklearmachtstatus und einen permanenten Sicherheitsratssitz.

Das andere große Land in der EU, Deutschland, verfügt jenseits der Wirtschaft weder über dieses strategische Potenzial noch über die Denktradition noch auch nur in Ansätzen über einen ernsthaften strategischen Diskurs. Ganz im Gegenteil, wer die deutsche Geschichte kennt, weiß, dass alles, was nach strategischer Selbstdefinition und Selbstvergewisserung jenseits der eigenen Landesverteidigung und des Transatlantismus riecht, sofort unter hohen Legitimationsdruck gerät, denn die Erfahrungen des Landes damit waren in der Zeit zwischen 1871 und 1945 schlicht und einfach desaströs – vom »Platz an der Sonne« bis zu Hitlers Welteroberungsplänen, von des Kaisers absurder »Flottenpolitik« bis zu dem Albtraum der Nazis von einem »pangermanischen Großreich auf rassischer Grundlage«. Nach zwei verlorenen Weltkriegen und einem kompletten moralischen Desaster hatten die Deutschen verständlicherweise genug von Weltpolitik und

Strategie. »Gebranntes Kind scheut Feuer« heißt es, und Deutschlands »Griff nach der Weltmacht«[40] war einfach zu viel des Feuers gewesen.

Das 20. Jahrhundert ist jedoch vorbei, Deutschland ist erneut zu einer Macht in der Mitte Europas geworden, diesmal friedlich durch und durch – wiedervereinigt, seine nationale Frage in Frieden und Freiheit geschlossen, guter Nachbar, eine starke Demokratie und ein starker Rechtsstaat, eingebunden in EU und NATO. Ohne dieses demokratische Deutschland und sein Potenzial wird es für Europa im 21. Jahrhundert nahezu unmöglich sein, global die Rolle zu spielen, die es für die Bewahrung seiner Werte, seiner Unabhängigkeit und auch für seine Interessen wird wahrnehmen müssen. Um dieses Ziel zu erreichen, wird Deutschland sich daher ein gehöriges Stück auf Frankreich zubewegen müssen. Denn nur wenn die beiden Großen in der EU sich noch enger verbinden, wird Europa dazu in der Lage sein, strategisch zu denken und zu handeln.

Im Übrigen ging es in der Geschichte der EU immer nur voran, wenn diese Verbindung, der »deutsch-französische Motor«, funktionierte. Wenn er zu stottern begann oder gar ganz ausfiel, tat sich nichts Positives. Das hat sich auch durch die EU-Erweiterung nicht geändert und liegt an der ganz besonderen Rolle, die innerhalb Europas diese beiden Länder spielten und spielen. Beide sind die bevölkerungsreichsten Mitgliedstaaten mit den größten Volkswirtschaften und dem größten strategischen Potenzial. Die gesamte Konstruktion der EU wurde auf der Überwindung der deutsch-französischen Erbfeindschaft errichtet, um so die Epoche der schrecklichen Bruderkriege in Europa ein für alle Mal zu überwinden. Und beide Länder hängen heute politisch und wirtschaftlich untrennbar voneinander ab.

Es stellt sich daher nach dem Le-Pen-Schock und dem verlorenen Jahrzehnt Europas, verursacht durch die Finanzkrise seit 2008 und die grassierende Mut- und Perspektivlosigkeit der politischen Eliten, die Frage, ob es nicht dringend an der Zeit ist, dass Frankreich und Deutschland einen neuen Anlauf unternehmen sollten, um den mittlerweile hochbetagten und in die Jahre gekommenen Élysée-Vertrag von 1963 über die deutsch-französische Freundschaft unter den Bedingungen von Gegenwart und erwartbarer Zukunft und angesichts der gemeinsamen Herausforderungen in der Welt und in Europa erneut zu verhandeln und zu modernisieren. Ein solcher Vertrag könnte auch angesichts des wiederauferstandenen Nationalismus in Europa ein wichtiges Signal sein und den Neustart des deutsch-französischen Motors für ein erneuertes Europa im 21. Jahrhundert bedeuten und unzweideutig klarmachen, dass es Deutschland und Frankreich mit der weiteren europäischen Integration ernst meinen und sie nicht gewillt sind, Europas Souveränität und Freiheit aufzugeben. Dieser deutsch-französische Motor war in der Vergangenheit keineswegs exklusiv gewesen, er hat andere niemals ausgeschlossen, vielmehr zur Teilnahme eingeladen und so dem europäischen Projekt neuen Schwung verliehen.

Europa wird in der heraufziehenden neuen Weltordnung mehr oder weniger auf sich allein gestellt sein. Strategisches Denken und Handeln wird ihm fortan kein großer Bruder jenseits des Atlantiks mehr abnehmen. Ganz im Gegenteil ist dieser vor Ausfallerscheinungen nicht gefeit. Auch wenn es mich in der Seele schmerzt, aber Trumps »America first!« wird diesseits des Atlantiks ein »Europa first!« erzwingen. Europa wird fortan seine Interessen daher verstärkt selbst wahrnehmen müssen. Dazu wird es sich aber erst in einen Zustand versetzen müssen, in dem es dieser Herausforderung gerecht werden kann. Auch wenn die NATO die Ära Trump übersteht, werden die transatlantischen Beziehungen nicht mehr so eng und vertrauensvoll sein wie in der Vergangenheit. Und auch die klare Hierarchie in diesen Beziehungen – die USA als globale Supermacht und zugleich Vormacht des Westens führen und verteidigen die westlichen Interessen, Europa begnügt sich mit der Rolle des Klienten und folgt mal mehr, mal weniger willig – wird nicht wiederkehren.

Im 21. Jahrhundert werden die Europäer zu einer eigenen Macht- und Interessenvertretung in der Lage sein müssen, zumindest in ihrer regionalen Nachbarschaft. Zwar wäre es falsch und eine massive Überforderung der europäischen Möglichkeiten, wenn Europa versuchen sollte, sich die Fähigkeiten der USA zur globalen Machtpolitik zum Vorbild zu nehmen. Europas Zukunft liegt nicht in einer neuen eigenen Weltmachtrolle, aber es wird die Fähigkeiten brauchen, seine Unabhängigkeit zu sichern, eng angelehnt an das nordatlantische Bündnis, das zu erhalten in seinem ureigensten Interesse liegt.

Die größten Sicherheitsrisiken für Europa entstehen in seiner unmittelbaren regionalen Nachbarschaft oder in den fast vergessenen Konfliktzonen seiner eigenen Peripherie wie dem Balkan und Osteuropa. Die größte Gefahr für Europa geht gegenwärtig von dem fortdauernden Krieg aus, den Russland im Osten der Ukraine führt, um das Land mit Waffengewalt zurück in die russische Einflusszone zu zwingen. Die russische Politik unter Wladimir Putin möchte mit allen, vor allem militärischen Mitteln verhindern, dass sich die Ukraine Richtung Europa wendet. Der Hinweis auf die Rolle der NATO dient dabei lediglich als Propagandaargument für die russische Annexionspolitik, ähnlich wie die Beschwörung russischer »Einkreisungsängste«. Warum soll die NATO denn Russland einkreisen? Und warum wollen eigentlich Staaten an der russischen Peripherie Mitglied der NATO werden? Liegt das am Ende nicht an den Erfahrungen mit Russland? Als Konsequenz aus dem russischen Einflusszonenanspruch wird mit militärischen Mitteln die Souveränität der Ukraine infrage gestellt, Moskau spricht dieser das Recht ab, sich für Europa zu entscheiden.

Nach der militärischen Annexion der Krim glaubte die russische Führung, mittels des Krieges in der Ostukraine und deren Abspaltung schnell eine politische Veränderung zu ihren Gunsten in Kiew herbeiführen zu können. Dies war ein Irrtum, weil sich die Ukrainer, obwohl militärisch unterlegen, zäh wehrten und die

Geschlossenheit des Westens nicht aufzubrechen war, ebenso wenig wie seine Entschlossenheit, die neuen Mitgliedstaaten in NATO und EU militärisch und politisch zu schützen und zu unterstützen. Dennoch ist dieser heiße Krieg an der östlichen Peripherie Europas alles andere als vorbei und bleibt deshalb eine große Gefahr, zumal wenn er auf andere Staaten übergriffe. Die Hoffnung Moskaus auf Donald Trump erwies sich ebenfalls als ein klassisches Eigentor, denn durch die russischen Eingriffe in den amerikanischen Wahlkampf zugunsten Trumps geriet dieser als Präsident innenpolitisch so stark unter Druck, dass ihm faktisch jeder Spielraum zu einer Veränderung der Russlandpolitik der USA zugunsten Moskaus genommen wurde.

Die Schwäche Russlands jenseits seiner militärischen Stärke wird das Land aber keineswegs ungefährlicher machen, denn gekränktes Selbstbewusstsein und die absehbare Erfahrung, in Zukunft gegenüber »Chimerica« nicht gleichrangig zu sein, könnten Moskau zu einer riskanten Außenpolitik verleiten. Und diese würde sich fast naturgemäß Richtung Europa richten, wenn dieses schwach und gespalten bliebe. Darüber hinaus hat Russlands Politik gegenüber Europa und den USA gleichermaßen den Effekt, allzu leicht die während der Jahrzehnte des Kalten Krieges eingeübten Reflexe auf beiden Seiten des Atlantiks auszulösen und so den Westen mental in der Vergangenheit festzuhalten, während die ganz anderen Herausforderungen des frühen 21. Jahrhunderts, an erster Stelle durch China, zumindest in Europa nachrangig bleiben.

Nichtsdestotrotz sind Russland und die EU Nachbarn, sodass die Europäer gemeinsam mit den USA unter Barack Obama gut beraten waren, vor allem auf die diplomatische Karte zur Eindämmung und Beendigung dieses Krieges zu setzen und daran auch festzuhalten. Europa kann die russischen Ziele, die Veränderung von Grenzen mit Gewalt und die Errichtung neuer Einflusszonen, schlicht nicht akzeptieren, wenn es seine eigenen Werte und Interessen ernst nimmt. Man würde dadurch in Europa erneut jene Büchse der Pandora öffnen, welche die EU mit und seit ihrer Gründung erfolgreich geschlossen hat. Die Nähe der neuen Nationalisten in Europa zum Kreml kommt daher nicht von ungefähr. Die Unverletzlichkeit der Grenzen in Europa und der militärische Gewaltverzicht sind Grundpfeiler einer jeglichen europäischen Friedensordnung. Zudem trägt der russische Großmachtanspruch zwar militärisch, nicht aber wirtschaftlich und technologisch, hier wird Russland von China überholt werden.

Es sei auch nicht vergessen: Russland braucht Europa, gerade angesichts der großen globalen Veränderungen hin zu einer neuen Weltordnung, mehr als Europa Russland. Die russische Elite träumt nach wie vor vom vergangenen Supermachtstatus der Sowjetunion der Siebzigerjahre, als diese allein mit Amerika von gleich zu gleich verhandelte, zumindest aber von einem erneuerten Weltmachtstatus und rationalisiert dies mit ihrer Begeisterung für militärische Macht. Dabei bleibt die Frage unbeantwortet, auf welcher ökonomischen, technologischen und gesellschaftlichen Grundlage diese Ambitionen denn realisiert werden sollen. Russland verfügt dazu schlicht nicht über das notwendige Potenzial.

Im Kopf hat man in Moskau noch das 20. Jahrhundert und die traditionelle Konfrontation mit den USA, man verdrängt dabei, dass sich die Welt neu ordnet und nicht mehr der Westen das 21. Jahrhundert dominieren wird. China aber ist nicht nur ein gigantischer Markt für russische Energielieferungen und Rohstoffe, sondern zugleich ein immer stärker werdender Rivale in der traditionellen russischen Einflusszone in Zentralasien und auch im Nahen Osten. Wie also wird die russische Verortung im 21. Jahrhundert aussehen? Russland gehört nicht zum islamischen Süden, nicht zu Ostasien, Europa lehnt es ab, obwohl seine Bevölkerung mehrheitlich westlich des Ural lebt und nach Europa schaut. Und ohne Europa, ohne seine Werte, seine Technologie und Modernisierungsexpertise droht Russland maximal die Rolle eines chinesischen Juniorpartners auf globaler Ebene.

Die eigentliche strategische Entscheidung angesichts der neuen Weltordnung steht Russland also noch bevor. Es verfügt über drei Optionen: in seiner Schwäche allein zu bleiben (was das Land in Armut und Rückständigkeit isolieren und hinter die Zeit vor seiner Öffnung nach Westen unter Peter dem Großen zurückfallen ließe), chinesischer Juniorpartner oder Europa. Sicherlich hätte die russische Elite nichts gegen die europäische Option, solange dabei Russland seine herausgehobene Führungsrolle als Welt- und Großmacht garantiert bekäme. Dies allerdings können die Europäer nicht akzeptieren, da es Unterwerfung, eine Beendigung des Transatlantismus und auch eine Rückabwicklung des europäischen Integrationsprozesses bedeuten würde. Die europäische Option für Russland wird also nur im Rahmen der neuen, durch die EU und die NATO geschaffenen Bedingungen auf dem europäischen Kontinent möglich sein, aber dies würde einen tief greifenden Mentalitätswandel unter der russischen Elite und im Selbstverständnis des Landes notwendig machen.

Andererseits ist Russland das einzige eurasische Land, dieses geopolitisch-historische Faktum hat auch seine Kultur und Geschichte zutiefst geprägt. Russland ist eben nicht nur Europa, sondern auch Asien. All dies wird sich nicht ändern, auch wenn Russland irgendwann wieder seinen Platz in der europäischen Staatenordnung einnehmen sollte, ja selbst wenn es sich normativ »europäisieren« würde. Es wird aufgrund seines eurasischen Charakters immer eine Sonderrolle spielen, das wiederum werden die Europäer zu akzeptieren haben.

Alle diese Faktoren sprechen im Umgang mit Russland für eine historisch und geopolitisch begründete, strategische Geduld, für Durchhaltevermögen und Verständnis für den ganz besonderen Status dieses riesigen eurasischen Landes, aber auch für ein entschlossenes Festhalten an den eigenen Grundwerten und Prinzipien. Europa darf sich in seinen diplomatischen Bemühungen und in seinen Verteidigungsanstrengungen weder frustrieren noch ermüden lassen, um so den Konflikt im Osten der Ukraine zumindest einzudämmen und dessen Überspringen auf andere Staaten in der Region zu verhindern. Dazu gehört auch, an der europäischen Perspektive der Ukraine festzuhalten, zugleich aber mit kluger Diplomatie die Rückkehr Russlands in die europäische Staatenordnung zu ermöglichen.

Eine zweite potenziell nach wie vor gefährliche Krisenregion in Europa liegt im Südosten des Kontinents, auf der Balkan-Halbinsel. Auch wenn es dort aktuell keine akute Kriegsgefahr gibt, so wäre es seitens Europas von sträflicher Nachlässigkeit, die Risiken dieser Region und vor allem jene Versprechen zu vergessen, die Europa dort allen beteiligten Nationen 1999, nach dem Ende des Kosovo-Krieges, gemacht hatte: dass eines Tages auch die Staaten des westlichen Balkans, die unzweifelhaft zu Europa gehören, wenn die ökonomischen, politischen und rechtlichen Voraussetzungen erfüllt sind, über eine Beitrittsperspektive zur EU verfügen und zu gegebenem Zeitpunkt dieser beitreten werden.

Solange an dieses Versprechen der EU bei allen Beteiligten in der Region geglaubt wird, so lange wird dort Frieden herrschen. Aber man mache sich keine Illusionen, die nationalistischen, ethnischen und religiösen Feindschaften sind auf dem westlichen Balkan mitnichten verschwunden, sondern lediglich durch die EU-Beitrittsperspektive (d.h. eine alternative, nicht mehr auf Nationalismus gründende regionale Ordnung) neutralisiert worden. Sie würden deshalb im

Falle eines schweren Glaubwürdigkeitsverlustes seitens Brüssels sehr schnell den Krieg zurückbringen. Die Region bleibt in hohem Maße politisch instabil und tut sich mit ihrer wirtschaftlichen Entwicklung schwer, trotz aller EU-Hilfen. Im Zentrum stehen Konflikte zwischen Serben und Albanern und zwischen Christen (Orthodoxen und Katholiken) und Muslimen. Der Balkan war nicht nur die Region, in der sich die Bruchlinien und Machtinteressen dreier untergegangener multinationaler Großreiche kreuzten – Österreich-Ungarn, die osmanische Türkei und das zaristische Russland mit seinem panslawischen Versprechen. An dieser Bruchzone hat sich seit dem Attentat von Sarajevo, das den I. Weltkrieg ausgelöst hatte, nicht allzu viel geändert. Russland bleibt dort Akteur, der seinen Einfluss vor allem ökonomisch auszudehnen versucht, ebenso die Türkei unter Erdogan und schließlich auch die EU und der Westen (gewissermaßen die Erben Österreich-Ungarns). Das Auftauchen Chinas in der Region wird die Lage nicht einfacher, sondern noch komplizierter machen. Zudem begegnen sich auf dem Balkan Islam und Christentum seit Jahrhunderten, ein Nachhall der osmanischen Expansion in Südosteuropa. Man kann in anderen Teilen des Kontinents darüber diskutieren, ob der Islam zu Europa gehört oder nicht, aber auf dem westlichen Balkan kann es darüber ernsthaft nicht einmal eine Diskussion geben. Dort ist der Islam seit Jahrhunderten etabliert, dort gibt es seit Langem einen europäischen Islam.

Der Balkan als geopolitische Bruchzone hatte sich

schon mehrmals als brandgefährlich für den Kontinent erwiesen. Es war daher kein Zufall, dass genau dort zum ersten Mal nach dem Ende des Kalten Krieges der heiße Krieg und ethnische Säuberungen zu Beginn der 90er-Jahre des letzten Jahrhunderts nach Europa zurückgekehrt sind und der Nationalismus ein weiteres Mal seine blutige Fratze zeigte. Das alte Jugoslawien war am Nationalismus (an erster Stelle am großserbischen, aber auch an allen anderen Nationalismen) zerbrochen und setzte eine Gewaltorgie frei, die erst durch die Militärinterventionen der NATO in Bosnien und im Kosovo beendet werden konnte. Die politischen und religiösen Hinterlassenschaften der untergegangenen Imperien, die jahrhundertealten Traditionen grausamer Grenzkämpfe wie auch die geopolitische Bedeutung dieser europäischen Brückenregion zwischen Ost und West, vor allem Richtung Orient, bildeten und bilden ein hochexplosives Gemisch, das leicht entzündbar ist und von Großmächten ebenso leicht instrumentalisiert werden konnte und kann.

Es sei auch nicht vergessen, dass Griechenland, Mitgliedstaat der EU, der Euro-Gruppe und der NATO und, gemeinsam mit Italien, einer der beiden entscheidenden Staaten für den Schutz der gemeinsamen südlichen und südöstlichen Außengrenzen der EU, ebenfalls Teil dieser Krisenregion des westlichen Balkans ist. Zudem ist das Land direkter Nachbar der Türkei in der Ägäis und in Thrakien und gehört dem Kulturkreis des orthodoxen Christentums an. Im griechischen Fall sind Eurokrise, Flüchtlinge und Geopolitik untrennbar verschränkt, es wäre aus europäischer Sicht ein fataler Fehler, wenn man diese Interessenverschränkung im Umgang mit Griechenland nicht berücksichtigen würde.

Unter anderem wegen des Balkans wird die EU auch ihre Erweiterungspolitik, die faktisch ihre einzige Machtperspektive ist (das Versprechen, nach der Erfüllung bestimmter Bedingungen Mitglied der EU zu werden und schon während dieses Prozesses massiv materiell von Brüssel gefördert zu werden), nicht einfach stillschweigend vergessen können, was wohl viele Politiker in Brüssel und in den Hauptstädten der Mitgliedstaaten gern tun würden. Sollten die Europäer ernsthaft daran denken, ihre eingegangenen Erweiterungsversprechen infrage zu stellen, käme die Balkankrise sofort zurück. Unter den Bedingungen einer wieder entstandenen Mächterivalität zwischen dem Westen und Russland und der Türkei sowie der sehr viel größeren Bedrohung Europas durch einen radikalen islamistischen Terrorismus, angesichts der Debatte um Flüchtlinge und eines grassierenden Neonationalismus überall in der EU, wären die verheerenden Folgen einer solchen Rückkehr des Krieges auf dem Balkan für Europa kaum abzuschätzen. Niemand, dem es mit dem Frieden auf dem europäischen Kontinent und um die Sicherheit der Europäer ernst ist, kann daher eine solche Entwicklung zulassen, geschweige denn sie durch falsches Handeln befördern.

Die Verlängerung des Balkans als Landbrücke zwischen Europa und dem Nahen Osten ist die anatolische Halbinsel auf der asiatischen Seite des Bosporus, die heutige Türkei. Sie gehörte, als Folge der osmanischen Eroberungen auf dem Balkan im Mittelalter, über Jahrhunderte hinweg als südöstliche Flügelmacht zum vor- und frühmodernen europäischen Staaten- und Mächtesystem, bevor sie in dieser Rolle durch das zaristische Russland abgelöst wurde.

Man vergisst heutzutage angesichts der aktuellen Annäherung zwischen Erdogan und Putin nur allzu leicht, dass der Aufstieg Russlands zur europäischen Großmacht und späteren Weltmacht zwar nicht nur, aber zu weiten Teilen zulasten der osmanischen Türkei stattfand – vor allem die Südausdehnung Russlands und der Ukraine bis hin zum Kaukasus und zum Schwarzen Meer und zur Krim. Schließlich ging auch der Verlust der europäischen Gebiete des Osmanischen Reiches auf dem Balkan im 19. Jahrhundert ganz wesentlich auf die damalige panslawische russische Politik zurück, welche die innere Schwäche des Osmanischen Reiches und den aufkommenden Nationalismus unter den Völkern des Balkans nutzte. Russland und die Türkei sind daher alles andere als »geborene« Verbündete, angesichts ihrer geopolitischen Interessen, ihrer Geschichte und unterschiedlichen Religionen gilt dieser Befund bis auf den heutigen Tag, zumal sich das postsowjetische Russland unter Wladimir Putin erneut als Beschützer des orthodoxen Christentums sieht (wie weiland die Zaren). Die Türkei unter Erdogan dagegen entwickelt sich in demokratisch legitimierter Form massiv in Richtung Reislamisierung und Wiedergeburt des Sultanats. Kurzlebige taktische Zweckbündnisse zwischen diesen beiden Mächten sind dadurch aber keineswegs ausgeschlossen.

Die Türkei befindet sich in einer für die europäische Sicherheit überragenden geopolitischen Lage. Russlands Ziel war es seit dem 19. Jahrhundert gewesen, die türkischen Meerengen und damit auch Konstantinopel zu kontrollieren, um so aus dem Schwarzen Meer ausbrechen und in das östliche Mittelmeer und Richtung Naher Osten ausgreifen zu können. Auch während des Kalten Krieges und während der Existenz der Sowjetunion im 20. Jahrhundert setzte sich diese geopolitische Konstellation fort, nur deshalb wurde die Türkei Mitglied des Europarats und der NATO: weil sie deren Südostflanke und die Meerengen gegen die Sowjetunion schützte. Anatolien nimmt eine geopolitische Brückenfunktion zwischen Europa und dem Nahen Osten ein. Die Türkei war deshalb immer beides zugleich, orientalische Macht und europäischer Akteur im Südosten des Kontinents und im östlichen Mittelmeer. Religiös und kulturell gehörte die Türkei als überwiegend muslimische Nation dem Orient an, dies galt umso mehr, als das osmanische Imperium über Jahrhunderte hinweg die arabisch-muslimische Welt beherrschte und bis in den Süden der arabischen Halbinsel und an den Persischen Golf reichte, auch weite Teile Nordafrikas umfasste und zudem der osmanische Sultan noch zum Kalifen, d.h. zum religiösen Oberhaupt der sunnitischen Muslime, geworden war. Trotzdem blieb die Türkei immer auch ein politischer Akteur in Europa.

Als nach dem Ende des I. Weltkriegs das osmanische Imperium zusammenbrach, sich auflöste und die Türkei zur Republik wurde, setzte der Gründer der modernen Türkei, Mustafa Kemal, entschlossen auf eine Modernisierung des Landes nach europäischem Vorbild. Mustafa Kemal sah die Zukunft einer modernen, republikanisch-laizistischen Türkei im Westen, in Europa. Die Republik forcierte daher unter seiner Führung eine eindeutige Entscheidung zugunsten ihrer Europäisierung und Verwestlichung, drängte das orientalische Erbe zurück, verbannte den Islam aus dem öffentlichen Raum und verwestlichte den Alltag bis in die Mode und in die Erziehung hinein. Der Preis dafür war eine autoritäre, nur mühselig demokratisch bemäntelte Herrschaft des kemalistischen Militärs, quasi eine Art »Erziehungsdiktatur« auf der ideologischen Grundlage eines türkischen Nationalismus, der andere ethnische Minderheiten kaum gelten ließ. Ihre Westorientierung, die klare Entscheidung für Europa und damit für die Modernisierung von Wirtschaft und Gesellschaft nach europäischem Vorbild, war das bestimmende Element der türkischen Republik seit den Tagen von Mustafa Kemal.

Die syrischen Bürgerkriegsflüchtlinge im Jahr 2015 haben erneut sichtbar werden lassen, dass die Türkei die einzige Landbrücke zwischen den beiden Nachbarregionen Europa und Naher Osten ist. Die Türkei greift geopolitisch aus ins Schwarze Meer, in den Kaukasus und nach Zentralasien, in den Nahen und Mittleren Osten, ins östliche Mittelmeer, Zypern und schließlich auch auf den Balkan. Überall dort kann die

Türkei ihr strategisches Gewicht zum Tragen bringen, die entscheidende Frage dabei bleibt allein, ob sie dies als Freund oder Gegner des Westens oder Europas tun wird. Im Umgang mit der Türkei geht es, wie im Falle Russlands, also nicht um die Frage der Sympathien oder Antipathien für Erdogan oder Putin, sondern zuerst und vor allem um eigene europäische Werte und geopolitische Interessen.

Die Türkei ist ein großes Land mit etwa 80 Millionen Menschen, mit einer jungen, gebildeten Bevölkerung und einer starken Wirtschaft, die niemals unter einer Zwangssowjetisierung zu leiden hatte wie viele osteuropäische Volkswirtschaften. Bis zum gescheiterten Militärputsch im Juli 2016 verfügte sie auch über ein starkes Militär, was aber nach den massenhaften Säuberungen wohl gegenwärtig nicht mehr uneingeschränkt gilt. Es war und bleibt daher im europäischen Interesse, möglichst enge und gute Beziehungen zu diesem Nachbarn zu unterhalten und vice versa. Und da, wie gesagt, die EU über keine andere Form der Machtprojektion verfügt als die Perspektive des Beitritts, gab es gegenüber der Türkei dieses Versprechen seit 1963. Je glaubwürdiger dieses Versprechen war, umso besser entwickelten sich die Beziehungen. Ihren positiven Höhepunkt hatten diese Beziehungen mit der Verleihung des Kandidatenstatus für die Türkei auf dem EU-Gipfel von Kopenhagen im Jahre 2002 erreicht, was durch die vorherige Abschaffung der Todesstrafe und andere juristische Reformen seitens der Türkei ermöglicht worden war.

Dieser Vor-Beitrittsprozess beinhaltete für die Türkei nicht nur erhebliche Mittelzuflüsse aus Brüsseler Programmen, sondern brachte auch einen bemerkenswerten Modernisierungsschub mit sich: im Rechtssystem, in der allgemeinen Verwaltung und in der Wirtschaft, was die Wettbewerbsfähigkeit der Türkei erheblich verbesserte. Die EU und vorneweg Deutschland waren und sind die wichtigsten Handelspartner für die türkische Wirtschaft. In den Jahren des Wirtschaftsbooms, vor der Finanzmarktkrise 2008, als sich die türkische Wirtschaft glänzend entwickelte und die Frustrationen in Ankara über die Hinhaltetaktik der EU in den Beitrittsverhandlungen seitens Europas zunahmen, kam man auf der türkischen Seite offensichtlich zu dem Schluss, dass das Land seine Modernisierung auch allein, d.h. ohne europäische Hilfe, erfolgreich voranbringen und den Durchbruch zu einer Regional- oder gar Weltmacht allein schaffen könnte. Verstärkt wurde diese Auffassung noch durch eine scheinbar zumindest kurzfristig erfolgreiche Außenpolitik, die das türkische Prestige vor allem im Nahen Osten gewaltig gesteigert hatte. Noch im Jahre 2011, zu Beginn des »Arabischen Frühlings«, galt die Türkei in der Region als das große Vorbild für eine erfolgreiche Modernisierung und Demokratisierung, als ein gelungenes Beispiel für die Verbindung von Demokratie, Rechtsstaat, Marktwirtschaft und Islam. Von dieser Vorbildfunktion ist so gut wie nichts geblieben. Für das europäisch-türkische Verhältnis sollten sich die europäische Hinhaltetaktik und die türkische

Selbstüberschätzung als Fehler von historischer Dimension erweisen.

Erdogan, damals Ministerpräsident, signalisierte zunehmend sein Desinteresse an einem EU-Beitritt, was viele Europäer wiederum klammheimlich freute, und verband diese Abkehr von Europa mit einer innenpolitischen Reislamisierung des Landes und einem innenpolitisch autoritärer werdenden Griff nach der Macht, verbunden mit einer außenpolitischen Abkehr vom Westen und Europa und der Ausrichtung des Landes auf den Nahen und Mittleren Osten. Die Türkei wollte dort regionale Führungsmacht werden. Dies war ein offener Bruch mit der grundlegenden Richtungsentscheidung des Staatsgründers Kemal Atatürk. Bei seiner »orientalischen Wende« unterliefen Erdogan aber zwei schwere taktische Fehler: in Ägypten und Syrien. Das Setzen auf die Regierung der Muslimbrüder in Kairo sollte die Türkei perspektivisch von den wichtigsten sunnitischen Regionalmächten der arabischen Welt – Saudi-Arabien, die Emirate und Ägypten – isolieren. Und in Syrien erwies sich die Türkei als zu schwach, um Assad stürzen und den Aufstieg der Kurden zum entscheidenden militärischen Faktor im Kampf am Boden gegen den Islamischen Staat verhindern zu können.

Durch Reislamisierung, Abkehr von Europa und Hinwendung des Landes zum Nahen und Mittleren Osten, durch die europäische Hinhaltetaktik und die türkische Selbstüberschätzung sollte sich die Türkei zunehmend von einem Stabilitätsfaktor in der Region zu einem Faktor der Instabilität transformieren, ein schwankender Halm in viele Richtungen, und man muss sich ernsthaft fragen, wohin dieser Weg die Türkei noch führen wird, auf jeden Fall nicht in die EU.

Hinzu kam noch der Zusammenbruch der Friedensgespräche mit der PKK und den Kurden aus überwiegend parteitaktischen Gründen, weil Erdogan zum Erreichen seines Ziels einer Verfassungsänderung hin zu einer Präsidialdemokratie auf ein Bündnis mit der extremen nationalistischen MHP setzte. Diese innenpolitische Entwicklung führte zu einem Wiederaufflammen des Bürgerkriegs im kurdischen Südosten des Landes sowie zu einer Rückkehr des kurdischen Terrors. Es ist völlig unklar, wie sich Ankara eine Befriedung der Kurdenfrage im Land vorstellt, zumal die Vergangenheit gezeigt hat, dass eine »militärische Lösung« nicht funktioniert. Zudem hat die Desintegration des Iraks und Syriens die Rolle der Kurden dort erheblich verstärkt. Spätestens seit dem gescheiterten Militärputsch findet in Erdogans Präsidialdemokratie eine kaum noch verhüllte innenpolitische Abkehr von Rechtsstaat und Demokratie statt, mit Massenverhaftungen und der Einschränkung der Meinungsfreiheit unter dem Vorwand der Terrorismusbekämpfung. All dies macht eine weitere Annäherung der Türkei an eine EU-Mitgliedschaft zunehmend illusorisch, da sich ein tief greifender Konflikt um elementare demokratische Grundwerte zwischen der Türkei und der EU auftut.

Innerhalb des konservativen Lagers in Europa gab es seit Langem tief sitzende Aversionen gegen eine Mitgliedschaft der Türkei in der EU, die sich teilweise aus religiös-kulturellen und auch historischen Gründen (so vor allem in Österreich und in der bayrischen CSU), teilweise aus machtpolitischen und Prestigegründen (bevölkerungsreichstes Land nach Deutschland) gespeist hatten. Als nach dem Gipfel von Kopenhagen die Regierungschefs in Berlin und Paris wechselten, begann unter Merkel und Sarkozy ein Prozess der Entfremdung zwischen Europa und der Türkei, der bis heute anhält und zunehmend rhetorisch wie auch durch die willkürlichen Festnahmen vor allem deutscher Menschenrechtler und Journalisten in der Türkei eskaliert und von einer Vertrauenskrise zum tatsächlichen Bruch zwischen Europa und der Türkei führen kann.

Seit vielen Jahrhunderten entzieht sich die Türkei einer eindeutigen Zuordnung, was schlicht der Ausdruck ihrer geopolitischen Brückenlage zwischen Europa und dem Orient ist, und es ist genau diese ihre Lage, die sie so bedeutsam für europäische Interessen in der Gegenwart macht. Dass es in der Zeit von Merkel und Sarkozy zu jener tiefen Entfremdung zwischen Europa und der Türkei gekommen ist, ist wohl einer der größten außenpolitischen Fehler in der Geschichte der EU, weil ohne diese Entfremdung die Entwicklung der Türkei, auch unter Erdogan, sehr anders verlaufen wäre.

Die größte Schwierigkeit bei der Korrektur dieser negativen Entwicklung liegt vor allem in der Tatsache, dass die europäisch-türkischen Beziehungen politisch völlig auf die Beitrittsfrage fokussiert sind und die Beitrittsfrage zu einer emotional aufgeladenen Prestigefrage geworden ist. Für beide Seiten hat dies nur negative Konsequenzen. Auch die Übertragung dieser Beitritts-Blockade auf die Erweiterung der Zollunion, der die Türkei seit dem 1. Januar 1996 angehört, macht die Lage nicht besser. Umgekehrt gilt dies aber auch für jene willkürlichen türkischen Verhaftungen von Staatsbürgern der EU-Mitgliedstaaten. Dabei böte gerade die Ausweitung der Zollunion eine Möglichkeit, die Blockade zwischen der Türkei und der EU zu überwinden und einen Neuanfang zu versuchen. Die Türkei könnte dabei nur gewinnen: Sollte der Agrarsektor Teil der Zollunion werden, würden die Exporte des Landes in die EU erheblich ausgeweitet werden.

Im Grunde müsste für das Verhältnis der EU zur Türkei dieselbe Maxime gelten wie für den Umgang mit jenem anderen schwierigen und großen Nachbarn im Osten Europas, mit Russland: strategische Geduld und eine unerschütterliche Verpflichtung auf die eigenen demokratischen Grundwerte. So wie Russland braucht die Türkei für ihre erfolgreiche Modernisierung Europa. Dies gilt nicht nur für den Handel, sondern auch für den kulturell-institutionellen Input. Es bleibt jedoch ein Vorbehalt: Erst die Zukunft wird zeigen, wie China die Türkei in ihre Neue-Seidenstraße-Initiative einzubeziehen gedenkt, die Turkvölker Zentralasiens könnten sich dabei durchaus als Stolperstein erweisen, vorneweg die Uiguren in Xinxiang.

Was kann die Türkei eigentlich dabei gewinnen, wenn sie sich von Europa abwendet und Teil des nahöstlich-islamischen Krisengürtels und seiner nicht enden wollenden Krisen und Machtkämpfe wird? Atatürk wusste, dass eine starke Türkei eine moderne Türkei werden musste. Daher seine Hinwendung zum Westen, zu Europa. Erdogans ganz andere Grundentscheidung – Reislamisierung und Wende zum Nahen Osten – kann das Land in seiner Entwicklung trotz seines fantastischen Potenzials nur zurückwerfen, zumal der Nahe Osten eine lange Zeit großer Instabilität, ja schwerer Konflikte vor sich hat.

Die gesamte Region befindet sich nach dem Scheitern der Demokratiebewegungen des Arabischen Frühlings von 2011, dem übereilten Rückzug der USA aus dem Irak, einer Schwäche signalisierenden Syrienpolitik unter Präsident Obama und der sich daran anschließenden russischen Militärintervention in diesem Land in einer machtpolitischen Transformationsphase. Der alte Nahe Osten mit seinem israelisch-palästinensischen Zentralkonflikt ist Geschichte, auch wenn dies mitnichten für dessen Ursachen gilt. Israel kann, trotz seiner überragenden militärischen, technologischen und wirtschaftlichen Stärke, die Ursache dieses Konflikts nicht loswerden, nicht einfach vergessen und aussitzen, nämlich das Verlangen der Palästinenser nach dem Ende der israelischen Besatzung und nach einem eigenen Staat. Daher ist es nur eine Frage der Zeit, bis sich dieser Konflikt mit Gewalt zurückmelden wird. Aber er wird dann nicht mehr der die ganze Region definierende Zentralkonflikt sein, sondern eben einer unter mehreren anderen Konflikten im Nahen Osten.

Der neue Nahe Osten wird nach dem Ende der amerikanischen Hegemonie, die in den Sümpfen und Wüsten des Zweistromlandes und nicht gewinnbarer Kriege in der Region versank, durch den iranisch-saudischen Hegemonialkonflikt bestimmt werden, der schon heute in den beiden Bürgerkriegen in Syrien und in Jemen die treibende Kraft hinter den Ereignissen ist. Der Sturz des Assad-Regimes, ursprünglich von der internen Opposition betrieben, wurde zu einem Stellvertreterkrieg um die Hegemonie im Nahen Osten. Saudi-Arabien sah hier die Gelegenheit, den iranischen Triumph im Irak im Gefolge des Chaos, das die USA dort angerichtet hatten, auszugleichen, scheiterte aber damit schließlich an der russisch-iranischen Intervention. Denn in Syrien kommt noch die Rivalität der Weltmächte USA und Russland hinzu. Es ist zu befürchten, dass dieser Bürgerkrieg erst dann ein Ende finden wird, wenn allen Beteiligten klar ist, dass sie ihn nicht mehr werden gewinnen können, eine allgemeine Erschöpfung um sich greift oder Assad, gestützt von Iran und Russland, eine militärische Lösung gelingt.

Der Iran ist zusammen mit Ägypten das einzige Land im Nahen Osten mit alten, definierten Grenzen, einer noch älteren Tradition von Staatlichkeit und einem entsprechenden politisch-historischen Selbstbewusstsein, was seine Hegemonialansprüche betrifft. Dies zeigt sich auch und gerade für das iranische Atomprogramm, das, zumindest für fünfzehn Jahre, durch das Nuklearabkommen zwischen dem Iran und den fünf permanenten Sicherheitsratsmitgliedern (plus Deutschland und die EU) neutralisiert werden konnte.

Der Iran ist die Vormacht der schiitischen Minderheit, einer der beiden großen Glaubensrichtungen des Islams. Das Land gehört zudem ethnisch nicht zur arabischen Welt und ist darüber hinaus in sich selbst ethnisch sehr divers. Die Konfrontation zwischen Iran und Israel materialisiert sich vor allem im Libanon, wo die von Iran mit viel Geld und noch mehr Militärhilfe unterstützte schiitisch-libanesische Miliz Hisbollah faktisch das Land kontrolliert.

Betrachtet man die Feindseligkeiten zwischen dem Iran und Israel, so fällt auf, dass es jenseits eines tiefen ideologischen Gegensatzes und einer zunehmenden hegemonialen Konfrontation mit Israel im Windschatten Saudi-Arabiens keine direkten Interessenkonflikte zwischen den beiden Staaten gibt. Es spricht daher fast alles dafür, dass der Iran die Konfrontation mit Israel via Libanon aus langfristig strategischen Gründen sucht. Offensichtlich will er mit dieser Feindschaft und einer begrenzten Niederlage Israels im absehbaren nächsten Krieg im Libanon seine ethnisch-religiösen Beschränkungen überwinden, eine wesentliche Voraussetzung für seine hegemonialen Absichten in der Region. Eine begrenzte Niederlage Israels in einem nächsten Libanonkrieg oder auch nur ein Unentschieden würde das Gleichgewicht der Mächte in der Region dramatisch zugunsten Irans verändern. Der Libanon rückt also zusehends in das Zentrum des neuen Nahen Ostens und des saudisch-iranischen Hegemonialkonflikts. Außenpolitisch ist der Iran eng mit Russland verbündet, was aber keineswegs auf tiefer Zuneigung gegründet ist, sondern ausschließlich auf Interessen. Beide Partner sind sich in innigem Misstrauen verbunden.

Saudi-Arabien ist die Vormacht der sunnitischen Glaubensrichtung, der Mehrheit des Islams. Das Regime definiert sich islamweit als die Hüterin der heiligen Stätten (Mekka, Medina) des Islams auf der Arabischen Halbinsel. Das Land verfügt über große Öl- und Gasvorräte, auf die sein Reichtum gebaut ist, leidet deshalb zugleich aber ökonomisch unter dem seit Jahren niedrigen Ölpreis. In Saudi-Arabien regiert seit der Staatsgründung 1932 das Haus al Saud in Verbindung mit einer extrem radikalen und rückwärtsgewandten Form des Islams, dem Wahabismus. Das Land steht im 21. Jahrhundert vor heftigen internen Widersprüchen und einer gewaltigen geistigen und sozioökonomischen Modernisierungsaufgabe mit einer jungen, wenig ausgebildeten Bevölkerung, die ein hohes Radikalisierungspotenzial darstellt. Osama bin Laden kam aus dem Land sowie die große Mehrheit der Attentäter vom 11. September. Dennoch ist es aufs Engste mit den USA verbunden, die seine Sicherheit garantieren, und auch mit der Nuklearmacht Pakistan. Bis heute halten sich Gerüchte, dass die pakistanische Nuklearwaffe mit saudischen Geldern finanziert wurde und bei Bedarf dem Land zur Verfügung stehen wird.

Der gegenwärtige Modernisierungsversuch des jungen Kronprinzen Mohammed bin Salman (auch MBS genannt) ist einerseits nur zu verständlich angesichts des Ölpreises und der Zukunft des Rohöls, einer sehr jungen Bevölkerung und eines dramatischen Modernisierungsdefizites von Wirtschaft und Gesellschaft, andererseits geht er damit durchaus große Risiken ein, denn der kritische Moment bei der Reform einer geschlossenen Gesellschaft oder eines geschlossenen Systems kommt in dem Augenblick der Öffnung. In ihm kann ein revolutionäres Moment entstehen, das das gesamte Gebäude zum Einsturz bringt. Man kann sich angesichts der zahlreichen Festnahmen unter Klerikern, Prinzen und Ministern des Eindrucks nicht erwehren, dass Saudi-Arabien genau auf ein solches Moment zutreiben könnte. MBS scheint auch einen Wechsel der Staatsideologie – weg vom Wahabismus hin zu einem saudischen Nationalismus – anzustreben, indem er überall in der Region – vom Libanon über Katar bis zum Jemen – die Konfrontation mit dem Iran sucht. Saudi-Arabien ist dafür aber allein zu schwach. Deshalb wird es ein De-facto-Bündnis mit der militärischen Supermacht des Nahen Ostens, mit Israel, vor allem im Libanon suchen. Ein fast schon ironisches Menetekel angesichts der Gesamtlage sei hier aber nicht vergessen: Der Letzte, der eine solche Modernisierung von oben im Nahen Osten angegangen ist, ist ausgerechnet der iranische Shah Reza Pahlewi gewesen, der mit seiner »Weißen Revolution« 1979 grandios gescheitert ist. Wir kennen den Ausgang dieser Geschichte heutzutage nur zu gut.

Modernisierung heißt immer die Erschütterung der

alten Strukturen und Gedankenwelten, im Falle Saudi-Arabiens eines extrem rückwärtsgewandten Islams. Die Politik des jungen Kronprinzen steht daher in der Tat vor einer fast unmöglich zu lösenden Aufgabe, die er mit einer schon napoleonisch anmutenden Risikobereitschaft, Entschlossenheit und Geschwindigkeit anzugehen versucht. Ob sich eine extrem traditionelle islamisch-wahabitische Gesellschaft wie die saudische gewissermaßen im Eilschritt und über Nacht wird modernisieren lassen oder ob dieser Versuch am Ende an den reaktionären islamischen Kräfte scheitern wird und das Königreich dadurch eine dem Iran ähnliche Entwicklung wie seit 1979 durchlaufen wird, wird die Zukunft zeigen. Allerdings könnten dann sehr viel radikalere wahabitisch-salafistische Kräfte des sunnitischen Islams in Riad an die Macht gelangen, als dies 1979 in der iranischen Revolution der Fall war. Das Risiko ist auf jeden Fall für das Königreich und die weitere Region enorm. Saudi-Arabien steht vor gewaltigen inneren Transformationsherausforderungen, die seine angestrebte hegemoniale Rolle in der Region als fast unmöglich erscheinen lassen.

Beide Länder, Iran und Saudi-Arabien, überschätzen ihre hegemonialen Potenziale. Das Ergebnis werden lang anhaltende Auseinandersetzungen mit großen humanitären Kosten wie gegenwärtig im Jemen sein, wo beide Seiten einen Stellvertreterkrieg ohne jegliche Rücksicht auf die Zivilbevölkerung führen. Diese Form der Stellvertreterkriege wird der Nahe Osten in Zukunft wohl noch öfter erleben, so wird die direkte

Konfrontation der beiden Kontrahenten und auch der große regionale Hegemonialkrieg vermieden, die blutige Zeche bezahlen dann aber die Menschen in den Stellvertreterkriegen. Auch der syrische Bürgerkrieg folgt diesem Muster.

Es ist beklagenswert, dass die Akteure im Nahen Osten nicht gewillt sind, von den Tragödien der europäischen Geschichte zu lernen. Europa hat in der Neuzeit den ganzen Zyklus hegemonialer Kämpfe bis zu ihrem bitteren Ende am 8. Mai 1945 durchlaufen, und daraus lässt sich nur ein Schluss für die Gegenwart des Nahen Ostens ziehen: Aus dem saudisch-iranischen Hegemonialkonflikt wird keine neue Ordnung, geschweige denn eine Friedensordnung für die Region entstehen, sondern nur unendlich viel Konfrontation und Unglück. Die Überwindung von Erbfeindschaften, ein Ende der hegemonialen Aspirationen und stattdessen die Zusammenarbeit der ehemaligen Feinde haben Europa nach seiner fast völligen Zerstörung wieder zu einem blühenden und friedlichen Kontinent gemacht. »Zusammenarbeit statt Hegemonie« müsste auch das Programm des Nahen Ostens im 21. Jahrhundert lauten, um die Hoffnungen seiner Menschen auf ein besseres, friedlicheres Leben erfüllen zu können. Bildung, Wohlstand, Wachstum sind das, was diese Region mit ihrer großen und jungen Bevölkerung angesichts ihrer Rückständigkeit in diesem Jahrhundert braucht, nicht Terror, Hass und Bigotterie.

Die heutige Lage im Nahen Osten ist auch das Ergebnis irregeleiteter, ideologisch getriebener und nicht zu Ende gedachter Militärinterventionen der USA in der Region, an erster Stelle des Krieges im Irak von 2003, der wesentlich zur Destabilisierung der gesamten Region, zum Aufstieg des Irans als Regionalmacht und auch zu dem des Islamischen Staates und zum syrischen Bürgerkrieg beigetragen hat. Seit den späten Tagen des europäischen frankobritischen Imperialismus und seines Versuchs, nach dem Zusammenbruch des Osmanischen Reichs am Ende des I. Weltkriegs sich diese Region zu sichern und ihr eine den westlich-imperialen Interessen entsprechende Ordnung samt den dazu passenden Staaten und Grenzen zu geben, ist der Nahe und Mittlere Osten nicht wirklich zur Ruhe gekommen. Die der Region von außen übergestülpte Ordnung des britisch-französischen Diplomatenduos Mark Sykes und Francois Georges-Picot, die im Kalten Krieg mehr oder weniger unverändert von den USA übernommen und fortgeführt wurde, wird der aktuellen Krise der Region nicht mehr gerecht. Auch wenn die Mehrheit der von Sykes/Picot geschaffenen Staaten und deren Grenzen überdauern werden, ist ihre Ordnung in unseren Tagen an ihrem Endpunkt angelangt und hinterlässt der Nachwelt eine einfache Erkenntnis: Der Nahe Osten ist in der Gegenwart durch externe, gar »christliche« Mächte – und als solche werden dort alle westlichen Mächte angesehen – nicht zu ordnen, mögen sie militärisch noch so stark sein, zumindest nicht zu vertretbaren humanitären, politischen und wirtschaftlichen Kosten. Militärinterventionen westlicher Mächte, vor allem mit Bodentruppen, verbessern die Lage nicht, sondern erreichen meist nur das Gegen-teil. Die Region wird daher, das ist die Summe der Er-fahrungen der vergangenen einhundert Jahre seit dem Sykes-Picot-Abkommen, ihre Konflikte selbst lösen und sich selbst eine regionale Ordnung geben müssen. Freilich ist dies leicht niedergeschrieben, die Wirklich-keit sieht anders aus: unendliches Leid, Kriege, Terror und Unterdrückung, große Sicherheitsrisiken und viel Gewalt, nicht nur in der Region, sondern auch darüber hinaus. Und Europa ist die Nachbarregion des Nahen Ostens, das sei nicht vergessen.

Was immer die Zukunft dieser Region sein wird, Eu-ropa wird dadurch nicht unberührt bleiben, und diese Aussicht gibt wenig Anlass zu Optimismus. Der Nahe und Mittlere Osten wird so schnell keinen Frieden und keine innere Stabilität finden. Europa darf sich dort militärisch mit Bodentruppen nicht einmischen, wenn es die Lage nicht noch schlimmer machen will, solche Interventionen würden auch die europäischen Fähig-keiten bei Weitem überfordern. Es wird aber dennoch mit den Auswirkungen der nahöstlichen Dauerkrise zu leben haben. Dies ist keineswegs ein Plädoyer für europäische Passivität, Europa sollte sich diploma-tisch wie ökonomisch im Nahen und Mittleren Osten im eigenen Interesse ausdauernd engagieren, um einen Frieden auf kooperativer Grundlage, wirtschaftliches Wachstum und Bildung für die Jugend zu ermöglichen. All diese Ziele liegen im gemeinsamen, gewiss aber im europäischen Interesse.

Für Europa wird aufgrund dieser nahöstlichen

Dauerkrise vor allem der anhaltende Immigrations- und Flüchtlingsdruck aus der Region von großer Bedeutung sein, ebenso wie die Gefahr des Terrorexports. Auf beide Herausforderungen ist die EU nur unzureichend vorbereitet und wird daher sehr schnell ihre Anstrengungen verstärken müssen, um ihre gemeinsamen Außengrenzen wirksam zu schützen, das Terrorrisiko von ihren Küsten fernzuhalten und in ihrem Innern zu minimieren.

Zu diesen externen Herausforderungen gesellt sich noch eine ideologische innerhalb Europas: Islamismus und Antiislamismus bedingen hier einander, beide stellen das friedliche Zusammenleben zwischen den Religionen in Europa infrage. Religiöse Toleranz ist ein europäischer Grundwert, der jedoch keinen Freibrief darstellt für Gewalttäter, terroristische Aktivitäten, Antisemitismus und patriarchalen Sexismus. Es ist das eine feine, gleichwohl entscheidende Linie, die es entschlossen innerhalb Europas zu ziehen gilt und, wo notwendig, mit aller staatlichen und gesellschaftlichen Macht durchzusetzen ist. Ansonsten würde Europa nicht nur die eigenen Grundwerte infrage stellen, sondern auch innereuropäisch in einen gesellschaftlichen Identitätskonflikt hineinlaufen, der den inneren Frieden massiv gefährden würde.

Auf der anderen Seite wird sich Europa daran gewöhnen müssen, dass nicht nur in seinem Südosten, auf dem Balkan, sondern auch in seinen anderen Teilen der Islam sichtbar zu diesem Kontinent gehört. Dies ist keine historische oder ideologische Frage, sondern allein der Tatsache geschuldet, dass in Europa Millionen Muslime leben und bleiben werden, für die das Grundrecht der Religionsfreiheit selbstverständlich ebenso gilt wie für alle anderen Glaubensgemeinschaften auch. Sollte sich mit dem Ablauf der Zeit ein »europäisch moderner Islam« entwickeln, so kann dies nur im Sinne Europas sein. Angesichts der inneren Realitäten in den meisten Mitgliedstaaten der EU und auch der geopolitischen Nachbarschaft mit der arabisch-muslimischen Welt liegt eine solche Entwicklung im europäischen Interesse, sie sollte mit allen Kräften unterstützt werden.

Der neonationalistische Antiislamismus in Europa hingegen betreibt entgegen den geopolitischen und innergesellschaftlichen Realitäten eine Art Kulturkampf, der nur Verlierer produzieren wird. Er greift auf offensichtlich tief sitzende Archetypen wie die sogenannte Türkengefahr im historischen Gedächtnis vieler Europäer zurück und versucht den Antiislamismus an deren Stelle zu setzen. Zugleich beschwört er vor leeren Kirchen die Verteidigung des »christlichen Abendlandes« auf einer schlichten, identitären Grundlage, die mit der Wirklichkeit Europas im 21. Jahrhundert nichts zu tun hat. Mich erinnert diese Haltung an die Fremdheit, die Abgrenzung, die Vorurteile, ja bisweilen auch den Hass, den ich noch in meiner Kindheit in den 50er-Jahren zwischen den christlichen Konfessionen auf dem Lande erlebt habe. Die erste protestantische Kirche in einem katholischen Dorf (und umgekehrt) löste damals mehr Misstrauen und Abwehr aus als heutzutage der Bau einer Moschee. Und dennoch war es möglich, diese konfessionelle Spaltung Deutschlands, die seit dem Dreißigjährigen Krieg galt, im Zuge der Modernisierung des Landes zu überwinden. Die Frage nach der Konfession einer Person empfindet man heute nur noch als vorgestrig. Vor allem die mehr als 12 Mio. Flüchtlinge und Heimatvertriebenen haben nach 1945 ganz wesentlich zur Überwindung dieser Spaltung beigetragen, da angesichts der damaligen Not auf überkommene konfessionelle Grenzen keine Rücksicht genommen werden konnte.

Die größte Sicherheitsgefahr, die aktuell für Europa vom Nahen Osten ausgeht, besteht in einem möglichen Scheitern der nach zehnjährigen Verhandlungen unter Mühen erreichten Nuklearvereinbarung mit dem Iran. Die Initiative zu diesen Verhandlungen war damals von drei europäischen Staaten ausgegangen, was beweist, dass sich mit Ausdauer und Geduld durchaus auch in dieser Region diplomatische Erfolge erzielen lassen.

Der amerikanische Präsident Donald Trump hält diese Vereinbarung seines Amtsvorgängers nun für grottenschlecht und möchte sie neu verhandeln. Neue Bestandteile des Vertrags sollen das Verhalten des Irans in der Region, dessen ballistische Trägersysteme und neue Sanktionen sein. Diese Vorgehensweise könnte allerdings zu einer Beendigung des gesamten Vertrages durch Teheran führen. Zudem gibt es auch keinerlei Hinweise, dass sich der Iran nicht an die geschlossene Vereinbarung halten würde.

Es wurde zu Verhandlungsbeginn durch die drei europäischen Staaten – Frankreich, Großbritannien und Deutschland – in der Vergangenheit mit Bedacht darauf verzichtet, diese thematisch auszuweiten, da ansonsten kaum eine Vereinbarung in der Nuklearfrage möglich gewesen wäre. Eine Rückkehr des Irans zu seinem vollen Atomprogramm (und dies hieße vermutlich auch seinen Austritt aus dem NPT-Vertrag und damit auch das Ende aller damit verbundenen Transparenzpflichten und Überwachungsmöglichkeiten) würde jedoch nicht nur die Kriegsgefahr in Nahost erheblich vergrößern, sondern auf jeden Fall zu einem nuklearen Wettrüsten in der Region führen, das wiederum wegen der geopolitischen Nachbarschaft Europas strategische Sicherheitslage fundamental verändern würde. Ein nuklear sich aufladender Naher Osten käme einem sicherheitspolitischen Albtraum für Europa schon ziemlich nahe.

Als die drei großen europäischen Staaten 2003 die Nuklearverhandlungen mit dem Iran begannen, gab es vor allem zwei Gründe, die für diese Initiative sprachen: Erstens galt es nach dem Irakkrieg, einen weiteren, noch größeren Krieg im Nahen Osten zu verhindern, und zweitens, die Gefahr eines nuklearen Rüstungswettlaufs zu unterbinden, der Europas Sicherheit unmittelbar bedrohen würde.

Teherans Ziel bei den Verhandlungen war es von Anfang an, die Spaltung Amerikas und Europas in dieser Frage zu erreichen. Es wäre eine weitere Ironie des Schicksals, wenn ausgerechnet Donald Trump dem iranischen Regime jenes Geschenk machen würde, das

Teheran in Verhandlungen niemals durchzusetzen vermochte. Genau darauf aber liefe die angedrohte einseitige Sanktionsverschärfung der USA hinaus. Europa würde mit China und Russland an der Nuklearvereinbarung festhalten, damit wäre die Spaltung des Westens perfekt, er würde in einer zentralen Frage der aktuellen Weltpolitik auseinanderbrechen. Sollte es so kommen, so würde der Vorgang auch jenseits des konkreten Anlasses ein weiteres fatales Signal in Richtung »Abstieg des Westens« senden.

Neben Nordkorea könnte ein solches Vorgehen der USA zudem eine weitere große Nuklearkrise auslösen, dadurch zu einem Scheitern des NPT-Vertrages beitragen und so die diplomatischen Möglichkeiten zu der Lösung solcher Krisen entscheidend schwächen. Denn wer würde in Zukunft dem Wort der USA noch Glauben schenken? Darauf würde es aber bei jeder denkbaren diplomatischen Lösung in zukünftigen Nuklearkrisen entscheidend ankommen.

Neben dem Nahen und Mittleren Osten wird für Europa Nordafrika als die südliche Gegenküste des Mittelmeeres, dahinter zunehmend auch Westafrika, als Rückzugsraum für den islamistischen Terrorismus von großer Bedeutung bleiben, auch aufgrund des langfristig anhaltenden Flüchtlingsdrucks Richtung Norden. Ägypten, an der Nahtstelle zwischen Asien und Nordafrika gelegen und eines der großen Länder des Nahen Ostens mit ca. 100 Millionen Einwohnern, einer uralten Kultur und einem Staatsverständnis, das sich erheblich vom Rest des Nahen Ostens, mit Ausnahme des Irans, unterscheidet, war einer der Hauptakteure im israelisch-palästinensischen Zentralkonflikt des alten Nahen Ostens und ein Zentrum der Demokratiebewegung des Arabischen Frühlings. Das Land ist aber gefangen in seiner Geschichte und in seinen überkommenen Machtstrukturen. Was als jugendliche Modernisierungsrevolte 2011 gegen die Diktatur Mubaraks und die mögliche Thronfolge seines Sohnes Gamal begonnen hatte, wurde sehr schnell von der Rückständigkeit des Landes wieder eingeholt und durch den Wahlsieg der Muslimbrüder in ihr Gegenteil verkehrt. Ägypten war nicht nur ein Zentrum des Arabischen Frühlings gewesen, sondern wurde auch zum Zentrum der autoritären Konterrevolution unter den an die Macht zurückgekehrten Militärs mit dem Generalobersten und jetzigen Präsidenten as-Sisi an der Spitze.

Ägypten ist geopolitisch wie auch intellektuell eines der wichtigen Länder des Nahen Ostens, mit seiner al-Azhar-Moschee in Kairo ist es ein Zentrum islamischer Gelehrsamkeit weit über die Grenzen des Landes hinaus. Das Land findet aber, eingeklemmt zwischen Militärdiktatur und Muslimbrüdern, keinen Ausweg aus seiner Lage. Seine große, junge Bevölkerung braucht eine Zukunft, die weder die nationale Wirtschaft noch die Militärdiktatur liefern. Das heißt aber, dass sich die soziale Unruhe und der Druck unter der Oberfläche der erzwungenen Ruhe immer weiter aufbauen werden. Die Führung der Muslimbruderschaft sitzt heute im Gefängnis, aber das hat sie oder ihre Vorgänger in der Vergangenheit über Jahrzehnte hinweg bereits getan, ohne dass diese Situation ihren Einfluss geschmälert hätte. Die Alternative »Generäle oder Muslimbrüder« markiert die Falle, in der sich dieses wichtige arabische Land seit Langem befindet, beide verhindern seine dringend notwendige Modernisierung. Und dieser Mangel an Modernisierung in Verbindung mit dem Bevölkerungswachstum wird den Immigrationsdruck Richtung Persischer Golf und Saudi-Arabien, aber auch Richtung Europa kontinuierlich erhöhen.

Die Beziehungen (vor allem auch die wirtschaftlichen) zwischen Ägypten und Europa sind für beide Seiten angesichts dieser Bedingungen von großer Bedeutung und werden trotz der offensichtlich grundsätzlichen Differenzen in Fragen der Menschenrechte und der Demokratie der sorgfältigen Pflege bedürfen. Europa sollte in seiner Nahostpolitik auf keinen Fall Ägypten aufgrund seiner momentanen Schwäche links liegen lassen und, getrieben durch seine Wirtschaftsinteressen, nur auf die reichen Ölstaaten am Persischen Golf und auf der Arabischen Halbinsel setzen. Dies würde sich auf mittlere Sicht als großer strategischer Fehler erweisen.

Ägypten ist auch für die Bekämpfung des Chaos in seinem Nachbarland Libyen, das nur über knapp 7 Millionen Einwohner und zugleich über die größten Rohölvorräte in Afrika verfügt, unverzichtbar. Nachdem die Militärintervention des Westens die Eroberung der Hochburg der damaligen Opposition, Bengasi, durch Gaddafis Truppen verhindert und mit Bomben dann dessen Sturz erreicht hatte, zeigte sich jedoch, dass der Westen über keinerlei Plan für eine Post-Gaddafi-Zeit verfügte. Das Land versank daraufhin im Chaos eines Bürgerkriegs zwischen sich bekämpfenden Milizen und Gruppen von Dschihadisten, vornweg der Islamische Staat. Libyen ist seitdem auch ein Beispiel dafür, dass selbst die besten humanitären Gründe für eine Militärintervention die dafür Verantwortlichen nicht von ihrer Pflicht entheben, ein Land nach einer solchen Intervention wieder zu stabilisieren, um ein Machtvakuum zu vermeiden. Seitdem bemühen sich nun die Vereinten Nationen darum, dem Land wieder eine Zentralregierung zu geben und den Bürgerkrieg zu beenden.

Aufgrund des Zusammenbruchs fast jeder staatlichen Ordnung ist Libyen auch der Ausgangspunkt für die meisten afrikanischen Migranten, denen es gelungen ist, die Sahara zu durchqueren, auf ihrem Weg über das Mittelmeer nach Europa. An der Küste hat sich daraus für organisierte Schleuserbanden ein einträgliches Geschäft entwickelt. Europa wird nichts anderes übrig bleiben, als, gemeinsam mit den Vereinten Nationen, zu versuchen, den Bürgerkrieg in dem Land zu beenden und ein Minimum an geordneter Staatlichkeit zu ermöglichen. Die Lage in Libyen hat aber auch gezeigt, dass für eine EU mit offenen Binnengrenzen ein wirksamer Küstenschutz unverzichtbar ist.

Libyens westliches Nachbarland Tunesien ist das einzige Land im Nahen Osten und Nordafrika, das aus dem Arabischen Frühling als Demokratie hervorgegangen ist und diese, trotz aller Bedrohungen, auch verteidigt hat. Das Land hat ebenfalls eine sehr junge Bevölkerung und ein sowohl internes als auch bereits nach Europa exportiertes Terrorismusproblem. Dennoch sollte Europa das Land und dessen Demokratie mit massiver Hilfe unbedingt zu stabilisieren versuchen. Von Tunesien über Algerien, ein bedeutender Energieexporteur, bis hin nach Marokko sollte Europa trotz aller Schwierigkeiten endlich entschlossen versuchen, eine enge Partnerschaft aufzubauen, um mittels gemeinsamer strategischer Projekte dort die Wirtschaft im beiderseitigen Interesse zu entwickeln.

Die Maghreb-Staaten, zumindest Marokko und Tunesien, bieten sich für ein das Mittelmeer überbrückendes strategisches Kooperationsprojekt mit der EU an. Ihre geopolitische Lage, ihre nicht perfekte, aber dennoch vorhandene politische Stabilität und ihre junge, zu nicht geringen Teilen gut ausgebildete Bevölkerung sind dabei von Vorteil. Der Erfolg einer solchen Kooperation könnte weit über den Maghreb hinaus für ganz Afrika, zumindest aber für Westafrika und seine Beziehungen zu Europa, von Bedeutung sein. In Westafrika besteht eine große Gefahr durch einen teilweise importierten, teilweise aber auch dort gewachsenen salafistischen Terrorismus, dessen Ausbreitung Europa direkt gefährden würde, deshalb wird die EU auch dort ihre Sicherheitsinteressen verteidigen müssen.

Das Verhältnis zwischen der EU und Afrika wird sich im 21. Jahrhundert vor allem an der Beantwortung der Frage entscheiden, ob das reiche Europa dem Auswanderungsdruck aus dem afrikanischen Kontinent lediglich passiv durch Abschottung begegnen wird oder ob sich der reiche europäische Norden dort beizeiten aktiv engagiert und den Aufstieg Afrikas im 21. Jahrhundert vor allem als Chance im beidseitigen Interesse sieht. Diesen europäischen Nachbarkontinent allein China zu überlassen, wäre aus europäischer Perspektive extrem kurzsichtig und töricht.

In der Vergangenheit hatte die EU ja schon mit ihrer »Mittelmeerpartnerschaft« und dem »Barcelona-Prozess« versucht, eine solche Kooperation zu entwickeln. Sie war aber bisher immer gescheitert, weil die Bedingungen und Interessen der einzelnen Länder zwischen Zweistromland und Atlantik zu weit auseinanderlagen. Hinzu kam die mangelnde Entschlossenheit der EU bei der Umsetzung. Ein erneuter Anlauf sollte daher aus den Fehlern der Vergangenheit lernen und lieber auf einzelne strategisch definierte Staaten, Gruppen von Staaten oder Unterregionen zugehen, um so von vornherein Blockaden, etwa durch den festgefahrenen israelisch-palästinensischen Konflikt, zu vermeiden. Ergibt sich daraus ein breiterer regionaler Ansatz, so wäre dies gut, dann aber auf der Grundlage funktionierender und nicht nur Papier gewordener Absichtserklärungen. Die Erfahrung der Flüchtlingskrise und des Terrorismus müssten Europa doch klargemacht haben, dass man sich im reichen Norden des Mittelmeerbeckens den Luxus einer unzureichenden Präsenz und Kooperation im südlichen Mittelmeerraum eigentlich nicht länger erlauben kann und darf. Viele europäische Staaten sind im Rahmen der NATO-

Mission militärisch in Afghanistan engagiert, auch wenn Afghanistan nicht zur europäischen Nachbarschaft gehört und kaum Aussicht auf einen militärischen Erfolg in absehbarer Zukunft besteht. Die USA waren am 11. September 2001 von den Terroristen der al-Qaida angegriffen worden. Damals hatte der Nato-Rat den Bündnisfall nach Artikel 5 Nato-Vertrag erklärt. Das heißt, das militärische Engagement der europäischen Nato-Staaten geschah aus Gründen der Bündnisverpflichtung gegenüber dem angegriffenen wichtigsten Sicherheitsgaranten für Europa, den USA. Solange Europa ein Interesse an dem Fortbestand der transatlantischen Partnerschaft mit den USA hat, wird es sich daher einseitig von seinem Engagement in Afghanistan nicht zurückziehen können, zumal auch seine eigene Sicherheitslage, bezogen auf den islamistischen Terrorismus, alles andere als besser geworden ist. Dies wird nur im Konsens des westlichen Bündnisses geschehen können, wobei ein voreiliger Abzug zur Wiederholung der Geschichte führen könnte. Man darf nicht vergessen, dass die Vorgeschichte dieses militärischen Engagements in die Zeit des Endes des Kalten Krieges zurückführt, als die USA und der Westen das Interesse an Afghanistan verloren hatten, nachdem die Rote Armee dort abgezogen war. Das Land versank damals im Bürgerkrieg, in dem sich schließlich die Taliban durchsetzten, und wurde dann zur Rückzugs- und Trainingsbasis für die Terroristen der al-Qaida unter der Obhut der Taliban, die von dort aus den Angriff auf die USA am 11. September organisierten und durchführten. Ein erneutes Scheitern in Afghanistan würde den internationalen islamistischen Terrorismus massiv stärken und zu großen Sicherheitsrisiken führen. Dies gilt auch und gerade für Europa in seiner prekären Sicherheitslage. Zugleich bleibt die drängendste Herausforderung nach all den Jahren, eine belastbare politische Lösung auf regionaler Grundlage zu finden. Diese wird sich nur unter Einbeziehung der Taliban, aber auch deren Schutzmacht Pakistan und aller anderen relevanten regionalen Akteure, wie Iran, Russland, Indien und China und möglicherweise auch Saudi-Arabien und selbstverständlich der Nato und der UN, erreichen lassen. Je länger eine solche politische Lösung auf sich warten lässt, desto mehr wird sie für Afghanistan von dem indisch-pakistanischen und der indisch-chinesischen Rivalität in dieser Region abhängig werden und damit immer komplizierter zu erreichen sein.

Vergleicht man die geopolitische Nachbarschaft der USA – Kanada, Mexiko, die Karibik und Russlands menschenleerer extremer Nordosten an der Beringstraße – mit der Europas – Russland, die Ukraine, die Türkei, der Kaukasus, der westliche Balkan, der Nahe und Mittlere Osten, Nordafrika –, so werden die Unterschiede sofort offensichtlich. Europa wird sich an erster Stelle immer um die Risiken und Gefahren, inklusive der asymmetrischen und nuklearen, in seiner geopolitischen Nachbarschaft kümmern müssen, wenn es Frieden, Stabilität und Sicherheit auf seinem eigenen

Kontinent dauerhaft erreichen will. Zudem wird es einem anhaltenden Druck von Flüchtlingen und Zuwanderern aus dem Süden ausgesetzt bleiben, dem es sich stellen und den es kontrollieren muss.

All diese Fragen gilt es für Europa in der unmittelbaren Gegenwart und nahen Zukunft zu entscheiden. »Hic Rhodus, hic salta!«, heißt es deshalb jetzt für die EU, denn weiteres Abwarten und eine Verlängerung des Status quo sind angesichts eines historischen Entscheidungsmoments in der globalen Geopolitik, in der Technologie und in der Wirtschaft, auch angesichts des Abstiegs des alten Westens, nicht länger eine Option.

Das transatlantische Mündelverhältnis wurde durch Donald Trump aufgekündigt und wird auch in der Zeit nach ihm nicht wiederkehren. Europa wird sich fortan um seine eigenen Interessen und Werte zu kümmern haben, um dazu imstande zu sein, im Konzert der großen Mächte des 21. Jahrhunderts mitzuspielen. Das heißt nichts weniger als eine grundlegende Erneuerung Europas als Macht und Leuchtturm für die liberale Demokratie und den Rechtsstaat.

## Die Krise der liberalen
## westlichen Demokratie

Der Abstieg des Westens wird auch nach innen spürbar, in einer sehr grundsätzlichen Herausforderung seiner bis dato sehr erfolgreichen Verfassungsgrundlagen durch den Neonationalismus. Die Attraktivität und Produktivität des westlichen und auch europäischen Demokratiemodells fußte auf einem liberalen Individualismus, der zugleich die traditionellen Klassenschranken aus der Hoch-Zeit der Industrialisierung überwand, indem er die höhere Bildung für die Kinder der Arbeiterklasse öffnete, deren gesellschaftlichen Aufstieg förderte und generell die Arbeiterklasse in eine neue Mittelschicht mittels Massenwohlstands und Konsums transformierte. Der Ausbau des Sozialstaates zur kollektiven Vorsorge gegen Alter, Krankheit und Arbeitslosigkeit kam vor allem in West- und Nordeuropa hinzu.

Die gegenwärtige Krise der liberalen Demokratie findet ihren Ausdruck auch in einer innenpolitischen Akzeptanz- und Systemkrise. Diesmal jedoch droht diese Systemkritik nicht von links, sondern von rechts. Die ideologischen Kadaver des Nationalsozialismus und Faschismus – vorneweg die »konservative Revolution« der 20er-Jahre des letzten Jahrhunderts – werden wieder exhumiert und von rechten Intellektuellen als der theoretische Dernier Cri der westlichen Demokratie und ihren Grundwerten entgegengesetzt. Ein Antidemokrat und intellektueller Handlanger der Nazis wie Carl Schmitt gilt heutzutage als Säulenheiliger dieser Neuen Rechten.

Nach dem Ende des Zweiten Weltkriegs gab es über lange Jahrzehnte hinweg eine systemische Herausforderung des westlichen Modells durch den Kommunismus und kommunistische Parteien. Diese Systemkonkurrenz hat der westlichen Demokratie alles andere als geschadet, am Ende ging sie gestärkt und triumphierend daraus hervor. Dies könnte nun ein weiteres Mal auch für die neue, wiedererstandene Fundamentalopposition durch den neuen Nationalismus von rechts gelten. Es ist angesichts der historischen Erfahrungen überall in Europa und ganz besonders in Deutschland und Österreich gespenstisch, aber »Rot Front« wird in unseren Tagen durch »Sieg Heil!« abgelöst. Auch in der Innenpolitik scheint somit die behagliche Zeit der »Friedensdividende« und des »Endes der Geschichte« vorbei zu sein, die alten, längst verblichen geglaubten Nachtmahre von rechts stellen die westliche Demokratie und ihre Werte vor eine erneute existenzielle Herausforderung, die es auch diesmal zu bestehen gilt.

Das liberale Demokratiemodell beruht auf der gelungenen Verbindung von Menschenrechten, Gewal-

tenteilung, Rechtsstaat und demokratischer Mehrheitsentscheidung – nicht etwa allein auf dem einen
Prinzip der Mehrheitsentscheidung, so wichtig es für
eine Demokratie auch immer ist. Zudem sind die westlichen Demokratien trotz all ihrer unterschiedlichen
Ausformungen (parlamentarische oder Präsidialdemokratie, Mehrheits- oder Verhältniswahlrecht) allesamt
repräsentative Demokratien, d. h., der Volkswille wird
in den Parlamenten durch frei und geheim gewählte
Abgeordnete zum Ausdruck gebracht und nicht direkt
in Volksabstimmungen. Die Ausnahme bildet hier die
Schweiz, die traditionell über starke direktdemokra-
tische Elemente auf allen politischen Ebenen verfügt,
die weit in ihre Tradition der Berggemeinden und ihrer
früher mehr oder weniger isolierten Alpentäler zurück-
reichen. Und doch ist sie zugleich auch eine parlamentarische Demokratie, also eine Hybridform von parla-
mentarischer und direkter Demokratie.

Die westliche Demokratie wird nun just in dem Augenblick zunehmend von innen heraus infrage gestellt,
in dem der Westen als Ganzes, als Verkörperung von
Freiheit und liberaler politischer Kultur, auch von außen unter Druck gerät, mit seinem Abstieg zu kämpfen
hat und sich eine neue ideologische Auseinandersetzung zwischen den liberalen Demokratien des Westens
einerseits und autoritären, eindeutig antidemokrati-
schen Modernisierungsmodellen wie dem Chinas andererseits am Horizont abzeichnet.

Begreift man den westlichen Neonationalismus in seinen Isolationssehnsüchten und seiner

Angstgetriebenheit als Niedergangsphänomen, so erklärt sich allerdings der Zusammenhang.

Der Neonationalismus ist nicht zuletzt ein Misstrauensvotum gegen die politischen und wirtschaftlichen Eliten und artikuliert sich als Sehnsucht nach dem starken Mann, daher auch die Begeisterung für Wladimir Putin bei den westlichen Neonationalisten, nach einer neuen Unmittelbarkeit des Ausdrucks des Volkswillens mittels direkter Demokratie und ohne das komplizierte Geflecht der Gewaltenteilung und der »Richterherrschaft« mittels der Herrschaft des Rechts.

Für weite Teile des Neonationalismus in Europa geht der Angriff auf die Demokratie über die Delegitimierung der Repräsentativität. Der unmittelbare Volkswille müsse sich in der direkten und unmittelbaren Entscheidung des Volkes Ausdruck verschaffen, um so die Herrschaft der liberalen Eliten, der »Volksverräter«, zu zerbrechen. Überall dort, wo in Europa, etwa in Ungarn oder Polen, die Neonationalisten die Mehrheit errungen haben, greifen sie die Gewaltenteilung direkt an und versuchen autoritäre Strukturen durchzusetzen.

Der Demokratie ohne die sie begrenzenden Elemente von Gewaltenteilung, Herrschaft des Rechts und Verfassungsgrundlagen mit Ewigkeitsgarantie wohnt immer auch ein Hang zum Autoritären, ja Totalitären inne. Wenn die Mehrheit alles ist, dann sind Minderheiten nichts. Genau hier erfolgt der Umschlag von Demokratie ins Totalitäre und kommt der starke Mann an der Spitze einer direktdemokratisch legitimierten autoritären Herrschaft ins Spiel.

Es ist nicht von ungefähr, dass sowohl der neue als auch der alte Nationalismus sich zu dieser autoritären Variante der Demokratie oder damit ihrer Zerstörung zugunsten einer autoritären Herrschaft hingezogen fühlen. Von Anfang an wohnte dem Begriff der Demokratie ein theoretischer Widerspruch inne, dem zwischen Rousseau und Montesquieu, zwischen der Unmittelbarkeit des Volkswillens oder der ungeteilten Volkssouveränität und deren Einhegung durch Gewaltenteilung und die Herrschaft des Rechts. Die Gewaltenteilung ist das genaue Gegenteil dessen, was mit der »Sehnsucht nach dem starken Mann« verbunden wird. Dieser soll im autoritären Verständnis, als direkter Ausdruck der Volkssouveränität, komplexe Lagen oder gar Krisen und bedrohte Identitäten durch die personalisierte exekutive Machtkonzentration lösen, wohingegen die Gewaltenteilung, gemeinsam mit nicht veränderbaren Artikeln der Verfassung, genau das Gegenteil erreichen soll: die Verhinderung einer absoluten Machtkonzentration in der Exekutive und ihres totalitären Missbrauchs. Sie ist nichts weniger als die Garantie gegenüber der Möglichkeit einer mit Mehrheit beschlossenen Selbstabschaffung der Demokratie.

Die repräsentative Demokratie, Rechtsstaat und Marktwirtschaft waren die tragenden Säulen einer historisch einmaligen Erfolgsgeschichte in Westeuropa. Auf diesen Säulen ruhte politisch der Wiederaufstieg Westeuropas aus den Ruinen des Zweiten Weltkriegs, es war gewissermaßen die politische »Wohlstandsformel« des Westens, die seine Attraktivität erst möglich machte und die die Osteuropäer nach dem Ende des Kalten Krieges in Richtung EU streben ließ.

Trotz dieser Erfolgsgeschichte werden jetzt, über siebzig Jahre nach dem Ende des Zweiten Weltkriegs und 28 Jahre nach dem Ende des Kalten Kriegs, fast überall in Europa wieder politische Kräfte sichtbar, die genau dieses Erfolgsmodell und seine politische Wohlstandsformel infrage stellen und ein anderes System im Innern wie im Auswärtigen wollen: zurück zum ethnisch homogenen Nationalstaat, zur nationalen Souveränität des 19. und frühen 20. Jahrhunderts und weg mit der EU, ihrer Bürokratie, ihrer transnationalen Integration der Nationalstaaten und ihrem Zwang zum Kompromiss. Das kollektive Gedächtnis von Teilen der heute lebenden Generationen scheint nach dem Ablauf von 72 Jahren seit 1945 nachzulassen, und es gilt wohl das alte deutsche Sprichwort, dass sich der Esel so wohlfühlt, dass er sich unter dem Vergessen aller gemachten Erfahrungen erneut zum Tanze aufs Eis begibt. Die Folgen dieser eistänzerischen Bemühungen des Langohrs, vor allem in und für Deutschland, sind bekannt und historisch gesichert.

Die Krise der westlichen Demokratie hat schon vor längerer Zeit mit einer tiefen Krise ihrer »vierten Gewalt« begonnen. Diese beruht auf der in der Verfassung garantierten Pressefreiheit, auf einem unabhängigen, hohen ethischen Normen verpflichteten Journalismus und auf der Meinungsvielfalt. Das fast seit Beginn der bürgerlichen Öffentlichkeit funktionierende Geschäftsmodell wurde durch die Gratiskultur der digitalen Medien, die in Wirklichkeit mit den jeweils persönlichen Daten »bezahlt« werden, in eine existenzbedrohende Krise gestürzt. Vor allem in der jüngeren Generation wurde durch die Unmittelbarkeit sogenannter sozialer Medien, in denen jeder sein eigener Journalist und Meinungsmacher ohne Verpflichtung auf professionelle journalistische Regeln geworden ist, die »vierte Gewalt« radikal verändert.

Diese Entwicklung erschien zu Beginn gar als eine neue Phase der Demokratisierung der Medien, mittlerweile ist man klüger. Die wirtschaftliche Krise eines professionellen Journalismus hat vielmehr das Gegenteil bewirkt, nämlich die Transformation von Meinungs- und Informationsvielfalt in Propaganda und schlichte, interessegeleitete Fehlinformation, von Kritik in Lüge. Behauptungen oder gar gezielt eingesetzte Lügen wurden durch rasend schnelle Vervielfachung im Netz zu »Fakten«. So geriet die westliche Demokratie in die Gefahr, durch manipulativen Druck von innen heraus ausgehöhlt zu werden.

Mehr noch, es eröffneten sich durch die digitalen Medien auch Manipulationsmöglichkeiten für externe Mächte zur Meinungs- und sogar Wahlbeeinflussung, welche die politische Öffentlichkeit in den westlichen Demokratien und deren Meinungslandschaft in ihrem Kern veränderten. Die Auseinandersetzung um den Nutzen und Gebrauch der digitalen Medien ist noch lange nicht beendet. Eines scheint aber bereits heute gewiss zu sein: Wenn das auf Gewaltenteilung beruhende westliche Demokratiemodell nicht an dem

Verfall demokratischer Medien zugrunde gehen soll, dann wird es über kurz oder lang einer verfassungsrechtlichen und gesetzlichen Regulierung bedürfen, denn es geht dabei um Grundwerte der westlichen Demokratie: die Verteidigung der Meinungsfreiheit, aber auch des Persönlichkeits- und Minderheitenschutzes und schließlich, bei dem Versuch der Wahlbeeinflussung durch externe Mächte, auch um die nationale Sicherheit.

Die Delegitimierung der westlichen Demokratie durch einen neuen Nationalismus ist aber zuerst und vor allem eine politische Herausforderung, die auf dem Felde der politischen Auseinandersetzungen beantwortet werden muss. Die größte Gefahr geht dabei von einem auf Anpassung setzenden »Opportunismus der Mitte« aus, der versucht, durch die teilweise Übernahme des xenophoben und völkischen Programms der neuen Nationalisten diese zu verdrängen. Am Ende macht man diese aber lediglich bündnis- und damit machtfähig – wie in Österreich bei den letzten Wahlen geschehen.

Sowohl der Druck vonseiten der digitalen Innovation – der Übergang zu Big Data und künstlicher Intelligenz – als auch der technologische Wandel, der sich aus dem wachsenden Zwang zur Dekarbonisierung der Industriegesellschaften ergibt, wird dieses Legitimationsproblem im Innern der westlichen Demokratien noch verstärken. Die absehbare Entwicklung wird die fundamentale Frage nach der Zukunft der Arbeit als solcher aufwerfen, die die westliche politische Organisationsform – Rechtsstaat und Demokratie – zutiefst erschüttern wird. Denn Menschen in allen großen Zivilisationen definierten sich im Wesentlichen über Arbeit. Es wurde und wird mittels der Arbeit nicht nur der Lebensunterhalt für den Einzelnen und seine Familie verdient, um die Arbeit herum entstehen auch die wesentlichen sozialen Beziehungen und der soziale Status, das Prestige und das Selbstwertgefühl und die Anerkennung der Menschen.

Sollte dem modernen Kapitalismus tatsächlich, bedingt durch AI und Big Data, global die Arbeit ausgehen oder auch nur dauerhaft knapp werden, dann droht eine nachdrückliche soziale Destabilisierung. Auch die Transformation der modernen Arbeitsgesellschaft in eine »Alimentierungsgesellschaft« mittels eines voraussetzungslosen Grundeinkommens würde die kulturellen Status- und Selbstwertfragen nicht beantworten und demnach eine tief reichende kulturell-soziale Krise nicht abwenden können. Neben der ökologischen Grenze wird die Frage nach der Zukunft der Arbeit im 21. Jahrhundert zu jenen »Menschheitsfragen« gehören, die nicht mehr auf nationalstaatlicher Basis beantwortet werden können. Kurzfristig könnte sich die demografische Schwäche der Europäer hier durchaus als Vorteil erweisen, da der Ersatz von menschlicher Arbeit durch AI und Big Data hier weniger dramatische Auswirkungen hätte und zudem der Export von Arbeitsplätzen aus Europa in Standorte mit billigeren Löhnen umgekehrt werden könnte. Für die großen Schwellenländer und die Armutszonen des

Südens mit ihren riesigen, meist jungen Bevölkerungen aber wäre eine solche Entwicklung verheerend.

Man ist versucht, diese Frage nach der Zukunft der Arbeit als eine sehr langfristige anzusehen, aber angesichts der Geschwindigkeit der digitalen Entwicklung und auch angesichts des Wettbewerbs unter den großen Mächten, die Führung bei der Entwicklung von AI einzunehmen[41], könnte diese Entwicklung sehr viel schneller Wirklichkeit werden, als aus heutiger Sicht zu erwarten ist.

Wenn diese Herausforderungen von den demokratischen Parteien nicht öffentlich thematisiert, Alternativen angeboten und dann auch in praktische Politik umgesetzt werden, selbst um das Risiko verlorener Wahlen, dann wird der neue Nationalismus von heute lediglich ein mildes Vorspiel gewesen sein. Inhaltliche Alternativen entlang der großen Zukunftsthemen müssen wieder sicht- und verstehbar gemacht werden.

Die Veränderungen in den Tiefenschichten von Wirtschaft und Gesellschaft in Verbindung mit dem Ende der Sowjetunion und dem realen Sozialismus haben nicht nur die bipolare Weltordnung des Kalten Krieges aufgelöst, sondern auch im Innern der westlichen Gesellschaften die Parteien links von der Mitte ihrer Integrationskraft beraubt. Weite Teile der klassischen Industriearbeiterschaft, die zu erheblichen Teilen durch die Deindustrialisierung Europas und Nordamerikas auf den Status eines beschäftigungslosen oder nur noch gelegenheitsbeschäftigten Prekariats herabgesunken sind, sind so politisch heimatlos geworden. Das

Verschwinden der traditionellen linken Parteien, ihrer Themen und sozialen Basis hat ganz erheblich zur Krise der westlichen Demokratie beigetragen und dem neuen Nationalismus den Weg geebnet.

Der Aufstieg des neuen Nationalismus, der keineswegs nur auf der neuen Rechten zu finden ist, sondern auch auf der Seite der übrig gebliebenen traditionellen Linken stattfindet, etwa in Frankreich bei Jean-Luc Mélenchon, in Deutschland bei Oskar Lafontaine und Sahra Wagenknecht und ihrer Linkspartei, in Teilen sogar auf dem linken Flügel der deutschen Sozialdemokratie,[42] ist eine Reaktion auf diese Krise der westlichen Demokratie und die Transformation der traditionellen Industriegesellschaften in Europa und Nordamerika. Hinzu kam seit den späten Sechzigerjahren ein nicht mehr umkehrbarer innergesellschaftlicher Wandel in den Gesellschaften des Westens. Der Übergang von der klassischen Industriegesellschaft mit ihrer starken Hierarchisierung hin zu postindustriellen, mehr auf egalitären kleinen Gruppen und Netzwerken basierenden Gesellschaften, mit ihrem Konsumismus und einer veränderten Werteordnung, hat zu einem selbstbewussteren Auftreten von ethnischen und sexuellen Minderheiten gegen ihre Diskriminierung und zu einem veränderten Verhältnis der Geschlechter geführt.

Dagegen regt sich im Namen von Nation und Vaterland jetzt Widerstand von rechts, was den Rest von linken Parteien, die den Untergang des realen Sozialismus überlebt haben, vor eine fast unlösbare Aufgabe gestellt hat. Deren traditioneller Gerechtigkeitsbegriff kann die

Kluft zwischen Arm und Reich im nationalen Rahmen und die neuen sozialen Gerechtigkeitsfragen zwischen den Geschlechtern, in der Umweltfrage, zwischen den Generationen und die globale Gerechtigkeitsfrage zwischen Nord und Süd nicht mehr kohärent verbinden. Darüber hinaus zerfällt auch die traditionelle Arbeiterschaft heute in mehrere Gruppen mit höchst unterschiedlichen Zielen und Werten. Industriearbeiterschaft, neue, postindustrielle Mittelschichten, Prekariat und Immigranten sind kaum mehr unter einem programmatischen Dach zusammenzuführen.

Die Konsequenz all dieser Widersprüche und Veränderungen der westlichen Linken ist ihre Aufspaltung in eine Linke, die einem Sozialstaatsnationalismus folgt und dadurch schlicht reaktionär geworden ist, und einen anderen Teil der Linken, der an einem moderneren, universelleren Gerechtigkeitsbegriff festhält.

Anders agiert der neue Nationalismus von rechts, der im Augenblick des Verschwindens der alten westlichen Vormacht festzuhalten versucht, was nicht mehr festzuhalten ist. Er greift zum Kulturkampf gegen das »links-rot-grün versiffte 68iger Deutschland«[43] und setzt auf die Enttabuisierung völkischer bis rechtsextremer Inhalte, um so die ungemütlichen Realitäten der Gegenwart und Zukunft zu verdrängen. Dieser Kulturkampf nimmt bisweilen bizarre bis lächerliche Züge an. Da wird dann schnell das Leben auf einem ehemaligen Rittergut in Ostdeutschland zum rechten Gesinnungs- und Haltungsnachweis, was aber mitnichten die alte Junkerherrlichkeit zurückbringen wird.

Die aktuelle Schwäche der meisten westlichen Demokratien zeigt sich auch daran, dass an die Stelle von Politik mit einer scharfen inhaltlichen Zuspitzung, die verstehbare Alternativen eröffnet, nur allzu oft eine Langeweile produzierende Technologie der Macht getreten ist, Klein-Klein ohne Visionen. In dieses Vakuum sind die neuen Nationalisten mit ihren abenteuerlich gestrigen Positionen erfolgreich hineingestoßen. Denn die Technologen der Macht haben leider vergessen, dass demokratische Politik nicht nur materielle Ergebnisse liefern muss, sondern auch Visionen, Identifikationen und Sinn. Ohne diese immateriellen Komponenten demokratischer Politik verliert diese ihre Bindungswirkung und eröffnet die Gelegenheit für einen Kulturkampf, bei dem es dann um die Konfrontation von Identitäten geht.

Religionskriege gelten aufgrund zahlreicher historischer Erfahrungen zu Recht als die blutigsten und grausamsten Kriege zwischen Menschen, denn bei ihnen geht es nicht um verhandelbare, pragmatische Themen wie etwa Macht, Märkte, Territorium und Prestige, sondern um die nicht verhandelbaren »letzten Dinge« – um die Frage, an welchen Gott jemand glaubt oder auf welche Art und Weise man diesem Glauben Ausdruck verleiht.

Die Identitätsfrage »Wer bin ich?« kommt der Glaubens- und Gottesfrage auf gefährliche Weise nahe. Können soziale Großgruppen, zu denen die Nationen gehören, darüber ohne Selbstaufgabe Kompromisse schließen? Die Identitätsfrage macht sich meistens an einem Gründungsmythos, an der Sprache, an der Alltagskultur und an Äußerlichkeiten wie der Farbe der Haut, der Haare und der Augen fest und bedeutet eine Ethnisierung der Politik.

Dabei ist es keine Frage, ob es so etwas wie kollektive Identitäten, auch von Nationen, gibt. Entscheidend aber ist, dass man Identität als etwas Veränderbares, historisch Gewachsenes begreift, den Einflüssen der Zeit unterliegend. Identität ist etwas, was auf Erziehung, Sprache und Kultur gründet.

Dabei kommt alles auf das Tempo dieser Veränderung an. Und hier scheint die späte Moderne, angetrieben von digitaler Revolution und Globalisierung, viele Menschen im Westen mit ihrer rasenden Veränderungsgeschwindigkeit zu überfordern, zumal der Aufstieg großer Mittelklassen in China und Indien zulasten der Mittelklasse in den alten westlichen Industriegesellschaften geht, während die Kapital besitzende Klasse von diesem Prozess erst einmal zu profitieren scheint. Diese wachsende Ungleichheit innerhalb der westlichen Volkswirtschaften vertieft deren Spaltung und verstärkt den Trend hin zum neuen Nationalismus.

Die Zuwanderer und Flüchtlinge aus den Armuts- und Kriegszonen des Südens werden in fast allen westlichen Gesellschaften nicht nur als wirtschaftliche Konkurrenten um knappe Arbeitsplätze und Sozialtransfers angesehen. Sie zeigen auch die globalen Realitäten der Gegenwart: das Auftauchen einer neuen, quasi globalen Unterklasse in den westlichen Gesellschaften, die ihren Anteil am eh schon kleiner

werdenden Kuchen der westlichen Sozialstaaten ein-
fordert. Diese Entwicklung weckt Konkurrenz- und
Enteignungsängste und öffnet einer Ethnisierung von
Identität Tür und Tor.

Noch in den 60er-Jahren des 20. Jahrhunderts waren mit dem Auftauchen der ersten Gastarbeiter in
Westdeutschland etwa fremdes Essen und dessen Ge-
ruch zur Abgrenzung benutzt worden. Die Deutschen
selbst wiederum wurden in der Epoche der Weltkriege
im Ausland als »Krauts« definiert, während in unserer
globalisierten, massentouristisch unterlegten Gegenwart die kulinarischen Unterschiede und die verschiedenen Düfte dazu offensichtlich nicht mehr taugen.
Selbst die Anhänger von Pegida und AfD im tiefsten
Dunkeldeutschland wollen auf ihren Döner nicht verzichten und würden eine Rückkehr der Lebenswelt
der 50er-Jahre mit ihrer kulturellen Enge und repres-
siven Moral persönlich kaum mehr aushalten. Auch
die neuen Nationalisten sind Kinder ihrer Zeit und genießen ganz offensichtlich die gesellschaftlichen Fort-
schritte im »versifften 68iger Deutschland«.

Die Äußerlichkeiten spielen auch deshalb eine so
zentrale Rolle, weil eine Ethnisierung, eine Ab- und
Ausgrenzung der Anderen, der Fremden, die nicht zu
dem wie vage auch immer definierten »Wir« gehören,
ansonsten zu kompliziert würde. Wie soll sich etwa
eine Identität, die vor allem auf inneren Traditionsbe-
ständen gründet – z.B. die Liebe zur deutschen Romantik –, sichtbar machen und damit politisieren lassen?
Den meisten Nationalisten sagt die deutsche Romantik

nichts, wohl aber die rassistische Definition von Äußerlichkeiten – weiße Hautfarbe, blond und blauäugig.
Und so verwundert es auch nicht, wenn heutzutage
vor leeren Kirchen das christliche Abendland verteidigt
und der Islam in seinem Namen bekämpft wird von
Leuten, die weder mit dem Christentum noch gar dem
Abendland allzu viel zu tun haben.

Freilich gibt es für diese Rückkehr einer identitären
Politik auch machtvolle objektive Gründe in der wirt-
schaftlichen und gesellschaftlichen Entwicklung des
Westens: eine um sich greifende Bindungslosigkeit, der
Verlust von selbstverständlichen sozialen Gewisshei-
ten und eine neue, diesmal vor allem auf Bildung und
Ausbildung gründende soziale Kluft zwischen Globali-
sierungsgewinnern und -verlierern. Das zunehmende
Gefühl von Unsicherheit und Unbehaustheit bei vielen Menschen in den westlichen Gesellschaften, ohne
eine Gemeinschaft stiftende große Erzählung und ohne
Ziele, wie es bei dem alten, aggressiven Nationalismus
des Westens im frühen 20. Jahrhundert oder auch beim
alten Kommunismus noch der Fall war. All dies schafft
die emotionalen Voraussetzungen für den politischen
Aufstieg des Neonationalismus, ja die Wiederkehr von
Rassismus in unserer Zeit.

Bei der großen innenpolitischen Auseinandersetzung
mit dem Neonationalismus wird es daher vor allem um
die Definition des Wir gehen: Wird es ethnisch-identitär
und demnach exklusiv sein oder verfassungspatriotisch-
staatsbürgerlich und damit europäisch und inklusiv?

Jegliche Form von Anpassung der demokratischen

Mitte an diesen neonationalistischen Trend wird ihn lediglich verstärken. Die westliche Demokratie muss diesen selbstdestruktiven nationalistischen Tendenzen mit einer eigenen großen Erzählung über unsere Gegenwart und vor allem unsere Zukunft und – zumindest in Europa – mit einem kontinentalen, großen Ziel für alle Europäer im 21. Jahrhundert entgegentreten. Europa wird in diesem Jahrhundert im Guten oder im Schlechten zur Schicksalsfrage aller Europäer werden (Nationalisten inklusive), entweder im gemeinsamen Niedergang oder in einer großen gemeinsamen Anstrengung, um diesem traurigen Schicksal zu entgehen. In welche Richtung die Würfel fallen werden, ist noch nicht ausgemacht, auch wenn dem alten Kontinent nicht mehr viel Zeit verbleibt.

Zudem werden die wirtschaftlichen und politischen Eliten das verloren gegangene Vertrauen wiederaufbauen müssen. Dazu werden neben der Bereitschaft, die Konfrontation mit dem Nationalismus zu suchen, auch und vor allem Antworten auf die offensichtlichen Ängste vieler Menschen vor Unbehaustheit und Abstieg im Zeitalter der Globalisierung gehören. Dazu wird in Europa wohl auch ganz entscheidend ein neuer Sozialpakt gehören müssen, der das immer weitere Auseinanderklaffen von Vermögen und Einkommen begrenzt und so einen neuen Gemeinsinn und ein Zusammengehörigkeitsgefühl auch bei einer kontrollierten Zuwanderung zu schaffen vermag. Bei diesem Sozialvertrag geht es weniger um eine Eskalation der gesellschaftlichen Umverteilung aus ideologischen

Gründen als vielmehr um den gesellschaftlichen Zusammenhalt unter den Bedingungen der Globalisierung und einer neuen Weltordnung. Dazu gehören
auch Aufstiegschancen durch Bildung. Bildung wird
zur entscheidenden Ressource eines immer älter werdenden Europas in der neuen Weltordnung werden
müssen, eine Bildung, die angesichts der demografischen Entwicklung alle Lebensabschnitte umfassen
muss.

Wer glaubt, der neue Nationalismus ließe sich wirksam dadurch bekämpfen, dass die Eliten so weiterma-
chen wie bisher, dass die demokratischen Parteien sich
immer mehr in der Mitte versammeln, die dadurch un-
unterscheidbar wird, der täuscht sich gewaltig. Das
vor uns liegende Jahrzehnt in Europa muss eher durch
demokratischen Konflikt bestimmt werden, durch
eine Rückkehr zum Politischen also. Gemeint ist damit nicht eine Rückkehr zu den harten Konflikten der
Epoche der europäischen Bürgerkriege und Klassen-
kämpfe, sondern demokratischer Streit auf der Grundlage eines starken demokratischen Gemeinsinns, im Interesse des demokratischen Systems als Ganzem und
seiner fortdauernden lebendigen Integrationskraft.

Die Überwindung der Krise der westlichen Demokratie wird auch deswegen so wichtig sein, weil in der
sich abzeichnenden neuen Weltordnung und mit der
Führungsrolle Chinas auch ein ideologischer Wettstreit
zwischen dem klassischen westlich-demokratischen
Modernisierungsmodell und einem autoritären Modell
nach chinesischem Vorbild immer wahrscheinlicher

wird. Die »Postdemokratie« wird im 21. Jahrhundert von außen als autoritäres Konkurrenzmodell den Westen herausfordern, genauso wie es in seinem Innern durch den neuen Nationalismus und dessen Rückgriff auf den direkten Volkswillen geschehen wird. Die aufsteigende Supermacht China wird schon aus machtpolitischen Gründen beginnen, ihr Modell mehr und mehr zu exportieren.

Gegenüber dem chinesischen digitalen Leninismus wirken autoritäre Herrscher vom Schlage eines Wladimir Putin oder Recep Tayyip Erdogan vorgestrig, denn das chinesische Modell kann nicht nur die autoritäre Herrschaft eines »starken Mannes«, sondern eine eigene Erfolgsgeschichte in Sachen Modernisierung liefern, ein System. Innerhalb weniger Jahrzehnte ist es China unter der Führung der Kommunistischen Partei gelungen, quasi aus finsterster Unterentwicklung, politischer Schwäche und schlimmster ideologischer Verirrungen, an die Spitze der globalen Machthierarchie durchzumarschieren, und das nicht nur machtpolitisch und wirtschaftlich, sondern vor allem auch technologisch. Jenseits dieser großen Erfolge hat China darüber hinaus das erfolgreiche Beispiel eines Entwicklungsmodells geliefert, durch das sich ein Land innerhalb einer Generation an die Weltspitze katapultieren kann. Gewiss darf man dabei nicht die objektiven Voraussetzungen dieses gleichermaßen sehr großen Landes wie auch seine sehr alte Kultur vergessen, aber ohne eine außergewöhnliche Disziplin und sehr langfristige Planung wäre dieser Erfolg niemals möglich gewesen und könnte deshalb als Vorbild für andere große Schwellenländer, etwa Brasilien, dienen.

Das westliche Demokratiemodell wird es im 21. Jahrhundert schwer haben, gegen dieses chinesische Erfolgsmodell zu konkurrieren, zumal seine Erfolgsgeschichte gegenwärtig durch Trump und den Abstieg der USA als globaler Führungsmacht und durch die anhaltende europäische Selbstbeschäftigung international erheblich Schaden nimmt. Umso wichtiger wird es daher, dass in der Innenpolitik der westlichen Demokratien um deren Erneuerung erfolgreich gekämpft wird. Denn bei allen Erfolgen des chinesischen Digital-Leninismus sei nicht vergessen, dass gerade die menschliche Kreativität eine der Grundvoraussetzungen des digitalen Zeitalters ist und bleiben wird. Und diese ist essenziell mit individueller Freiheit und gesellschaftlichen Freiräumen verknüpft, die nicht unter staatlicher Kuratel stehen. Gerade auch unter Wettbewerbsgesichtspunkten in der Welt von morgen wäre es ein historischer Fehler, wenn der Westen, vorneweg Europa, seine entscheidende Stärke, nämlich die gelungene Verbindung von Demokratie und Rechtsstaat, vernachlässigen oder gar ganz infrage stellen würde. Demokratie und Rechtsstaat müssen im 21. Jahrhundert, noch mehr als in der Vergangenheit, das Markenzeichen Europas sein, das den Unterschied ausmacht. Marktwirtschaft in der einen oder anderen Form und Konsumismus wird es auch in dem chinesischen Modernisierungsmodell geben, Rechtssicherheit, Transparenz und Demokratie aber nicht.

In Europa kommt auf die Demokratie neben der externen chinesischen Herausforderung und der internen durch den neuen Nationalismus noch eine dritte: der Übergang von den nationalstaatlich verfassten Demokratien zu einer gesamteuropäischen Demokratie. Dies ist ein schwieriger und langwieriger Weg, der nicht die Abschaffung der nationalstaatlichen Demokratien, sondern deren europäische Ergänzung und Einbindung zum Ziel hat. Die demokratische Verfasstheit berührt den Kern der nationalstaatlichen Souveränität und wird deshalb nicht einfach zu verändern sein, zumal es eine solche Veränderung mit hohen verfassungsrechtlichen Hürden in vielen Mitgliedstaaten zu tun haben wird. Es wird also nicht einfach ein einmaliger Akt der Entscheidung sein können, vielmehr ein vorsichtiger, langsamer Prozess, getrieben von europäischer Ambition, von Versuch, Irrtum und Gewöhnung. Gleichwohl wird die Schaffung einer europäischen Demokratie für die Europäische Union der Zukunft unverzichtbar sein, denn ohne diese wird die EU als europäisches Integrationsprojekt keine dauerhafte und belastbare demokratische Legitimation erlangen können.

Der Doppelcharakter der EU – sowohl ein Staatenverbund wie auch eine demokratische Föderation mit Ansätzen eines Bundesstaats zu sein – macht es unmöglich, einfach das nationalstaatliche Demokratiemodell auf die EU zu übertragen. Gegründet wurde die Union von den Mitgliedstaaten, und diese verleihen ihr auch auf indirekte Weise Legitimation, zugleich behalten sie aber die entscheidende Macht in ihren Händen. Der Europäische Rat, die Versammlung der Staats- und Regierungschefs, ist die entscheidende Macht in der europäischen Konstruktion, denn diese sind demokratisch legitimiert und ihren jeweiligen Nationalparlamenten gegenüber verantwortlich. Die nationalen Parlamente allein verfügen auch über das Haushaltsrecht und damit das Geld in der Union, das Europäische Parlament ist lediglich mitberatend und mitentscheidend tätig und verfügt über kein eigenes Budgetrecht. Auch die EU-Bürgerschaft ist an die Staatsangehörigkeit eines Mitgliedstaates gebunden. Die Übertragung dieser nationalen Macht von den Mitgliedstaaten auf Brüssel wäre eine echte Revolution, welche die Zustimmung der beteiligten Völker erfordern würde, die realistischerweise auf längere Zeit nicht zustande kommen wird. Die Zukunft der EU und ihrer Demokratie wird sich also in der für uns überschaubaren Zeit im Rahmen des Staatenverbundes abspielen müssen und nicht im Rahmen eines Bundesstaates, leider. Die Frage nach der Zukunft der europäischen Demokratie wird auch durch die Perspektive einer EU der zwei Geschwindigkeiten nicht einfacher, da das Europäische Parlament in diesem Rahmen nur bedingt taugt. Denn es gewinnt seine Legitimation aus der EU der 28 (nach dem Austritt Großbritanniens der EU der 27) Mitgliedstaaten, nicht aber durch die Eurozone.

Es spricht vieles dafür, dass mit dem engen Rahmen des regierungsamtlichen europapolitischen Pragmatismus allein – so wichtig dieser auch immer ist und bleiben wird – keine Erneuerung der EU gelingen wird. Dazu wird es auch einer Bürgerbewegung von unten bedürfen. Und dazu bedarf es der Erneuerung der Vision von einem gemeinsamen Europa, jenseits der heutigen Gräben zwischen Nord und Süd und Ost und West. Ohne eine solche Bewegung von unten, von den Bürgern und vor allem der jungen Generation, sehe ich nicht, wie allein aus dem Geiste des Pragmatismus die Kraft entstehen soll, Europa im 21. Jahrhundert den Sprung aus der nationalen Souveränität in eine gemeinsame europäische Souveränität und Demokratie zu ermöglichen. Denn das ist es, worum es tatsächlich für Europa geht.

# Deutschland –
## das Land in der Mitte Europas

Deutschland ist das wirtschaftlich stärkste Mitglieds-
land der EU mit einer seit der Gründung des deutschen Nationalstaats 1871 extrem herausfordern-
den geopolitischen Lage und einer komplizierten und
tragischen Geschichte. Es verfügt zugleich über die
größte Bevölkerung in der Union, in deren Mitte es
liegt, umgeben von neun Nachbarn. Man wird nicht
nur in der Europäischen Union kein zweites Land mit
so vielen Nachbarn finden, selbst weltweit gibt es dies
selten. Dabei verfügt Deutschland zwar als Nation
über eine lange Geschichte, nicht aber als Nationalstaat.[44] Nach der bedingungslosen Kapitulation der
Wehrmacht 1945 gab es faktisch überhaupt keinen
deutschen Staat mehr, ein Drittel des Staatsgebiets im
Osten wurde unter eine andere Verwaltung gestellt
und abgetrennt. Inwieweit das Deutsche Reich de jure
fortbestand und wenn ja, in welcher Form – darüber
streiten sich die Rechtsgelehrten. Fakt ist, dass nach
dem 8. Mai 1945 die deutsche Staatlichkeit und Souveränität durch ein militärisches Besatzungsregime
der Siegermächte ersetzt wurde, bis 1949 die west-

deutsche Bundesrepublik und die ostdeutsche Deutsche Demokratische Republik mit dem Segen ihrer jeweiligen Besatzungsmächte gegründet wurden. Damit aber war Deutschland erneut in mehrere Staaten aufgeteilt, ein Zustand, der bis 1871 gegolten hatte. Wie konnte es so weit kommen?

Deutschlands Eintritt in die Moderne begann mit einer das Land auf Generationen hinaus traumatisierenden Tragödie. Das Land der Reformation wurde zum Schauplatz des ersten großen Krieges im Europa der frühen Moderne, aus dem das moderne europäische Staatensystem hervorgehen sollte – allerdings um den Preis der fast völligen Zerstörung Deutschlands.

Für Frankreich und Schweden war dieser Krieg ein Schritt zur Machtentfaltung des eigenen Staates gewesen, für die Niederlande der entscheidende Schritt zur Unabhängigkeit von Spanien und zum Aufstieg als globale Seemacht, für Deutschland aber brachte er nur Elend und Zerstörung und politisch einen großen Rückschritt, weil das Reich geschwächt worden war zugunsten der Territorialfürsten und des Einflusses der europäischen Großmächte auf die innere Verfasstheit des Reiches. Mit dem Westfälischen Frieden von 1648 und dem damals sich herausbildenden modernen europäischen Staatensystem war die Dominanz über die Mitte des Kontinents, also über Deutschland, für die großen Mächte der damaligen Zeit von entscheidender Bedeutung. So führte dieser ursprünglich als Glaubenskrieg zwischen Katholiken und Protestanten und zwischen kaiserlicher Zentralmacht und den Reichsständen begonnene Krieg auch sehr schnell zur Intervention der damaligen europäischen Groß-mächte. Im Dreißigjährigen Krieg ging es um Gott und die Macht.

Deutschland damals erinnert nicht nur durch die großflächigen Verheerungen und das unbeschreibliche Leid der Zivilbevölkerung an das heutige Syrien. Der lange Krieg endete schließlich in einem Erschöpfungs-frieden von Münster und Osnabrück, der die Glau-bensspaltung in Deutschland anerkannte, die Zentral-macht in Gestalt des Kaisers und des Reichs zugunsten der Territorialherren weiter schwächte und fortan die innere Reichsverfassung mit ihren zahllosen Souverä-nen und Souveränitäten in einem Zustand der Schwä-che hielt.[45] Diese »teutsche Libertet«[46] wurde von den europäischen Großmächten, vorneweg Frankreich und Schweden, garantiert, um so das Zentrum Euro-pas in Gestalt eines politischen Flickenteppichs, lose zusammengehalten von dem Alten Reich, zu erhalten und so die widerstreitenden Interessen der europä-ischen Großmächte ausgleichen zu können und eine zentraleuropäische Hegemoniegefahr zu bannen. Denn wer das Zentrum des Kontinents – Deutschland – be-herrschte, beherrschte Europa. Diese geopolitische Tatsache sollte sich als eine der wesentlichen Ursachen für die kommende deutsche Tragödie im 19. und 20. Jahrhundert erweisen.

Mit der industriellen Revolution und dem Aus-greifen der westeuropäischen Großmächte Frank-reich und Großbritannien nach fernen Kontinenten

galt diese geopolitische Formel von der Notwendigkeit eines schwachen kontinentalen Zentrums für die
Stabilität des gesamten Systems noch sehr viel mehr.
Napoleon Bonaparte hatte eine neue, durch die französische Hegemonie bestimmte Ordnung für dieses
Zentrum durchgesetzt, das uralte Heilige Römische
Reich war 1806 mit der Niederlegung der Kaiserkrone
durch Franz I. zu Ende gegangen, und im Rheinbund
waren mehrere mittelgroße deutsche Territorialstaaten
durch den neuen französischen Kaiser geschaffen worden. Aber mit Napoleon scheiterte auch sein Design
einer französischen kontinentalen Hegemonie. Was
blieb, war die napoleonische »Flurbereinigung« des
europäischen Zentrums zugunsten einiger mittelgro-
ßer deutscher Territorialstaaten. Der Wiener Kongress
versuchte im nachnapoleonischen Europa eine Art Status quo ante wiederherzustellen, aber die napoleoni-
schen Änderungen waren nicht mehr ungeschehen zu
machen, denn die deutschen Fürsten und Könige von
Napoleons Gnaden ließen sich ihre Territorialgewinne
nicht mehr entwenden, sodass es bei der napoleoni-
schen Neuordnung des europäischen Zentrums blieb.

Der Wiener Kongress brachte jedoch eine sicherlich
in den Konsequenzen damals nicht wirklich verstan-
dene territoriale Veränderung im Zentrum Europas
mit sich, die im folgenden Jahrhundert weitreichende
Konsequenzen nach sich ziehen sollte. Das überwiegend ostdeutsch-polnische, agrarische Preußen, dessen
Hauptgebiete in Ostelbien lagen oder gar ganz außerhalb des alten Reichsgebietes im Osten, wurde an die

Rheingrenze nach Westen verschoben, um dort Frankreich mit seiner Militärmacht in Schach halten zu können.[47] Damit wurde nicht nur der preußisch-französische Konflikt auf Dauer gestellt (und nach 1871 in das neue Deutsche Reich eingebracht, verstärkt später noch durch die Annexion Elsass-Lothringens nach dem Krieg von 1870/71), sondern Preußen bekam mit dem Ruhrgebiet das kommende Kernland der industriellen Revolution in Deutschland und wohl das wichtigste Industrierevier Europas. Der preußische Militärstaat wurde dank seiner Armee und, unterlegt mit einem gewaltigen Industriepotenzial an Rhein und Ruhr, zum dominanten Faktor in Deutschland. Die Westverschiebung Preußens (»Die Wacht am Rhein!«) und die deutsche Nationalbewegung, die als Ergebnis der französischen Besatzungszeit und der Befreiungskriege von Anbeginn an militant antifranzösisch gewesen war, verstärkten diese »Erbfeindschaft« zwischen Deutschen und Franzosen, die sich im »Kampf um den Rhein« kristallisieren sollte. Zugleich aber war die deutsche Nationalbewegung zu Beginn des 19. Jahrhunderts massiv von der Französischen Revolution und Napoleon inspiriert worden. Trotz dieser inneren Ambivalenz des deutschen Nationalismus gegenüber Frankreich dominierte aber im 19. Jahrhundert das antifranzösische Element. Nach der Reichsgründung würde es sich im Gefolge der französischen Niederlage bei Sedan 1871 mit verhängnisvollen Folgen auf das entstehende Deutsche Reich übertragen.

Die Französische Revolution und vor allem Napoleon hatten überall in Europa einen revolutionären Nationalismus hervorgebracht, der in Deutschland und Italien zu einer starken National- und Einheitsbewegung führte, die dann in Deutschland durch die Erfahrungen mit der französischen Besatzung eine antifranzösische Ausrichtung erhielt. Der finale Krieg gegen Napoleons Frankreich in Deutschland wurde als »Befreiungskrieg« begriffen, der militärisch vor allem von Preußen und Österreich und später auch von einigen anderen, kleineren deutschen Fürsten geführt wurde – in der Allianz mit Russland und Großbritannien. Zugleich aber war dieser Krieg auch eine demokratische Erhebung von unten, eine Art Volksaufstand. Am Ende setzten sich jedoch die Fürsten durch, und die demokratische Bewegung wurde in der Zeit nach dem Wiener Kongress durch die einsetzende Restauration der Fürstenmacht unterdrückt, abgesichert durch das zaristische Russland.

Die deutsche Nationalbewegung wollte aus innenpolitisch-patriotischen Gründen im Zentrum Europas ein vereintes Deutschland schaffen, ein in der damaligen Zeit völlig nachvollziehbares Ziel, denn überall in Europa hatte dieser nationale Geist seit der Französischen Revolution und Napoleon die Menschen ergriffen. Warum also nicht auch die Deutschen? Allerdings war die deutsche Einheit nicht nur eine innenpolitische Frage der Deutschen, sie warf zugleich die Frage nach dem gesamten europäischen Staatensystem auf: Wenn sich in der Mitte des Kontinents ein starker Nationalstaat bilden würde – um es mit den

Worten von Sebastian Haffner zu sagen, »an die Stelle eines großen Schwammes ... war gewissermaßen ein Betonklotz getreten –, ein furchteinflößender Betonklotz, aus dem sehr viele Kanonenrohre herausragten«[48] –, dann würde er aufgrund seiner geopolitischen Mittellage fast automatisch auf dem Kontinent in eine hegemoniale Position geraten und würde so drohen, das gesamte System aus den Angeln zu heben. Und so ist es bis auf den heutigen Tag geblieben: Die Angelegenheiten Deutschlands sind niemals nur eine Sache der Deutschen selbst. Aufgrund ihrer Mittellage, ihres strategischen Potenzials und ihrer kritischen Größe (zu groß für Europa, zu klein für die Welt) sind sie immer auch eine Sache des gesamten Kontinents und seiner Staatenordnung unter Einschluss der nicht europäischen Flankenmächte in West und Ost. Erst die Einsicht im damaligen Westdeutschland unter Konrad Adenauer in das Faktum dieser überkomplexen geopolitischen Lage Deutschlands, sein Verzicht auf jegliche hegemoniale Aspiration oder gar Revision und die Integration des Landes in EU und NATO haben diese Überkomplexität aufgelöst. Sie sind auch deshalb de facto zur Staatsraison der Bundesrepublik Deutschland geworden, auch nach der staatlichen Wiedervereinigung von 1990.

Es war damals, zu Beginn des 19. Jahrhunderts, wohl zu viel verlangt von den Deutschen, diese ganz spezifischen geopolitischen Herausforderungen in ihrem Einheitsverlangen zu durchschauen oder gar in ihren Konsequenzen für Deutschlands spätere Außenpolitik zu begreifen. Zudem kamen die Deutschen – mit Ausnahme der beiden europäischen Großmächte Preußen und Österreich – aus der provinziellen Enge ihrer zahlreichen Duodezfürstentümer, lokalen Herrschaften und mittelgroßen Territorialstaaten, die von den europäischen Großmächten abhängig waren und nur das eine Ziel kannten, ihre Unabhängigkeit und Souveränität zu bewahren. Die Ausnahme war der österreichische Außenminister Fürst Metternich, ein Adliger aus den geistlichen Miniterritorien vom Rhein, der vor allem das europäische Gleichgewichtssystem der Staaten im Auge hatte und deswegen zu dem Schluss kam, dass die Staaten die revolutionären demokratischen Nationalbewegungen, vor allem in Deutschland und Italien, im Interesse des Gleichgewichts und des dynastischen Prinzips zu unterdrücken hatten. Die restaurative Politik Metternichs scheiterte aber mit der europaweiten Revolution von 1848. Die Kräfte der Geschichte lassen sich eben nicht durch die Polizei aufhalten.

Aber ebenso wenig vermochte sich die Nationalbewegung in dieser Revolution durchzusetzen. Ihre Kraft reichte zwar zur Wahl des ersten deutschen Parlaments in der Paulskirche in Frankfurt, nicht aber dazu, den Fürsten tatsächlich erfolgreich die Machtfrage zu stellen und von der Paulskirche zu einem revolutionären Konvent überzugehen. Erst das Genie Bismarcks, als preußischer Kanzler, erkannte, anders als Metternich, dass die demokratische Nationalbewegung auf Dauer nicht unterdrückt werden konnte, da in ihr eine historische Tiefenströmung der Zeit zum Ausdruck kam, die sich früher oder später durchsetzen würde. Die Frage in Deutschland und Italien war allein, wann und unter welchen Bedingungen es zur nationalen Einheit kommen würde. Bismarcks Konsequenz aus dieser Einsicht war – wenn er die Eigentums- und Machtverhältnisse des alten Preußens erhalten wollte –, dass sich Preußen an die Spitze dieser Einheitsbewegung zu setzen und die deutsche Einheit zu seinen (Preußens) Bedingungen durchzusetzen hatte. Bismarck war, wie Metternich, Diplomat gewesen und verstand das damalige europäische Gleichgewichtssystem nur zu gut. Er meinte, er könnte als Kanzler mit seinem Genius die destabilisierenden Folgen eines deutschen Nationalstaats für das europäische Staatensystem auffangen und ausgleichen. Solange er im Amt war, ist ihm dies tatsächlich auch gelungen. Seine Nachfolger jedoch waren mit diesem komplizierten Spiel der Ausbalancierung des europäischen Staatensystems aus seiner Mitte heraus heillos überfordert.

Bismarcks Reich verfügte über schwere Konstruktionsmängel. Die Reichsgründung zwischen 1866 und 1871 war faktisch die Eroberung Deutschlands durch Preußen gewesen, d.h. die Machtübernahme Alt-Preußens mit seiner autoritären ostelbischen Herrschafts- und Sozialstruktur einschließlich des preußischen Militärstaates. Der preußische König wurde deutscher Kaiser, und so entstand in der Mitte Europas ein mächtiger Staat, gebaut durch und vertrauend auf die militärische Macht Preußens. Es war ein merkwürdig hybrides Gebilde aus Moderne (vor allem in Militär, Wissenschaft und Industrie) und Rückwärtsgewandtheit, politisch schwach, unerfahren und überfordert, kurz: eine gefährliche Mischung.

Hinzu kam eine weitere Konsequenz der deutschen Mittellage: Sie bedeutete im Kriegsfall die Gefahr, einen Mehr- oder mindestens Zweifrontenkrieg führen zu müssen. Es bestand zudem die Gefahr der Einkreisung. Anstatt dieser gefährlichen Lage durch kluge Bündnispolitik und Allianzen zu begegnen, setzte das damalige Deutsche Reich auf die scheinbar apolitische Mechanik der Militärs und deren sogenannten Schlieffenplan. Dieser war nur scheinbar apolitisch, weil er im Kriegsfall auf einen raschen Sieg im Westen unter Verletzung der Neutralität Belgiens und Luxemburgs baute, auf erstes Losschlagen. Der Angriff auf Belgien mit seinen Kanalhäfen musste Großbritannien an die Seite Frankreichs in einen möglichen Krieg gegen Deutschland zwingen. Hinzu kam noch die deutsche Flottenrüstung, die sich gegen die Weltmacht Großbritannien richtete, aber weder die britische Weltgeltung zu erschüttern noch eine entscheidende Rolle im Krieg zu spielen vermochte.

Im I. Weltkrieg führte das wilhelminische Deutsche Reich zwei Hegemonialkriege in einem: den Kampf um die kontinentaleuropäische Hegemonie und den Kampf um die globale Hegemonie, um die Weltherrschaft. Beide Hegemonialkriege gingen für Deutschland verloren, in der Niederlage endete das Kaiserreich von 1871. Deutschland lag am Boden. Die hochfliegenden Träume des deutschen Nationalismus von europäischer Hegemonie und deutscher Weltherrschaft waren blutig und krachend gescheitert. Und mit dem Ende dieses Krieges war das alte Europa zu Ende gegangen.

Die aus der militärischen Niederlage entstandene Revolution von 1918 brachte zwar die Weimarer Republik, aber in der entscheidenden Machtfrage gegenüber den alten zivilen wie militärischen Eliten versagte sie wie ihre Vorgängerin 1848. Deutschland lag am Boden, gescheitert an den antihegemonialen Instinkten Europas und seinen antihegemonialen Koalitionen, wie alle Versuche in den Jahrhunderten zuvor. Aber der deutsche Nationalismus hatte mitnichten genug oder war auch nur zur Einsicht in die Ursachen der deutschen Niederlage gelangt. Die Deutschen waren zwar hervorragende Theoretiker, niemand sonst konnte so gekonnt philosophische Systeme entwerfen wie ihre größten Philosophen, aber in der Politik und politischen Strategie blieben sie Laien und verwechselten allzu leicht Wunsch und Wirklichkeit.

Als die »verspätete Nation« schließlich in der zweiten Hälfte des 19. Jahrhunderts antreten sollte, waren der Humanismus und die Aufklärung als prägende geistige Strömungen, die die kulturell-normativen Grundlagen für die älteren europäischen Rivalen Großbritannien und Frankreich gelegt hatten, längst vorbei. In der zweiten Hälfte des 20. Jahrhunderts dominierte ein platter Sozialdarwinismus, eine blinde Übertragung der Naturwissenschaft auf Gesellschaft und Politik, die im

Rassismus enden sollte. Deutschland war, im wahrsten Sinne des Wortes, ein politisch-wirtschaftliches Kraftpaket ohne eine verlässliche normative Grundlage, ohne moderne Verfassung und ohne ein in Europa und im Mechanismus des europäischen Staatensystems fest verankertes politisches Selbstbewusstsein. So neigte das damalige Deutschland immer wieder zu einer fatalen Selbstüberschätzung. Diesseits des Rheins, vor allem in Preußen, bewunderte man zwar die Kanonen Napoleons, hasste jedoch den Geist der Französischen Revolution und unterschätzte die zivilisatorische Mission des Code Napoleon. (Heutzutage würde man beides Napoleons Soft Power nennen.) Die zivilisatorische Mission Deutschlands dagegen war allein seine Macht und Stärke. Der deutsche Nationalismus setzte auch nach der großen Niederlage von 1918 weiterhin vor allem auf Gewalt. Er hatte nach Millionen von Toten im Weltkrieg noch nicht genug, er wollte eine zweite Runde, wollte Revanche, die Revision des Kriegsausgangs. Dass es dann ausgerechnet ein Österreicher – Adolf Hitler – sein sollte, der das preußische Deutschland endgültig zerstören würde, darf man getrost als eine der tragischen Ironien unserer Nationalgeschichte begreifen.

Hitler und seine Nationalsozialisten erwiesen sich als die radikalste Form des deutschen Nationalismus, der sich nicht nur eine territoriale Revision der Ergebnisse des Ersten Weltkriegs zum Ziel gesetzt hatte und damit einen weiteren großen Krieg anstrebte. Für Hitler und die Seinen hatte Deutschland den Weltkrieg auch deswegen verloren, weil es nicht radikal genug vorgegangen war und seine Ziele noch zu sehr dem historisch gewachsenen europäischen Staatensystem und der abendländisch-christlichen Moral verpflichtet blieben. Unter Hitler ging es Deutschland nicht mehr nur um eine Veränderung des europäischen Staatensystems zu seinen Gunsten, sondern um dessen vollständige Zertrümmerung. Der deutsche Nationalismus hatte endgültig den Weg in die Maßlosigkeit, Amoralität und den Wahnsinn angetreten. Das bedeutete angesichts der realen Kräfteverhältnisse auf der Welt sehenden Auges den Weg in einen erneuten Weltkrieg[49] und dadurch die Selbstzerstörung Deutschlands, ja das Ende des deutschen Nationalstaats. Der Traum der deutschen Nationalstaatsbewegung von Generationen deutscher Demokraten war mit Hitler zum Albtraum Europas geworden. Mit dem Völkermord an den europäischen Juden beging Deutschland einen beispiellosen Zivilisationsbruch in der Geschichte der europäischen Moderne und stellte sich außerhalb der Traditionen und Werte der europäischen Völkerfamilie. Am Ende überschlug sich der deutsche Nationalismus in seiner Ultraradikalisierung, denn es war der von vielen Deutschen damals geliebte Führer des »Großdeutschen Reiches« selbst gewesen, der mit dem sogenannten Nerobefehl vom 19. März 1945 die vollständige Zerstörung der lebensnotwendigen Infrastruktur im Reich befahl und sich so gegen die Deutschen selbst richtete.[50]

Als nach langen sechs Jahren auf dem europäischen Kriegsschauplatz am 8. Mai 1945 die Waffen endlich schwiegen, klaffte in der Mitte des Kontinents ein schwarzes Loch. Was einst Deutschland war, lag in Trümmern, und mit dem Vormarsch der alliierten Armeen entdeckten diese die furchtbaren Schädelstätten der Nazis in den Konzentrations- und Vernichtungslagern. Was sollte zukünftig aus dem physisch und moralisch zerstörten Deutschland werden? Wie konnte dieses mächtige Land in der Mitte Europas in Zukunft davon abgehalten werden, den Kontinent ein weiteres Mal in den Abgrund zu stürzen? Die Antwort bestand darin, das Land in Besatzungszonen aufzuteilen und die deutsche Staatlichkeit zu beenden, indem es in den Besatzungszonen Militärregierungen unterstellt wurde. Mit der bedingungslosen Kapitulation hatte Deutschland seine Souveränität verloren und wurde erneut in mehrere Teile geteilt, ebenso seine Hauptstadt Berlin.

Nach gerade einmal 74 Jahren schien es schon wieder vorbei zu sein mit dem deutschen Nationalstaat. Ein Drittel seines Territoriums im Osten kam unter fremde Verwaltung und war offensichtlich für immer für Deutschland verloren, zumindest sprachen die Massenflucht aus Ostpreußen und anderen Gebieten sowie die spätere Vertreibung der Deutschen für diese Annahme. Millionen von Flüchtlingen und Heimatvertriebenen irrten durch das völlig zerstörte Land, ebenso die zurückkehrenden Kriegsgefangenen und Soldaten, die überlebenden Zwangsarbeiter und KZ-Häftlinge. Es gab Millionen von Toten, Vermissten, Witwen, Waisen und Schwerkriegsbeschädigten und fast völlig zerstörte Städte und Fabriken. Was noch stand und funktionierte, dem drohte die Demontage als Entschädigung für die Verheerungen der Wehrmacht auf ihrem Rückzug vor allem im Osten. Die Nazis hatten Europa zu einem gigantischen Friedhof gemacht und die Deutschen erneut zu Höhlenbewohnern, zumindest in den Großstädten und Industrierevieren, denn dort musste die Bevölkerung in den Kellern ausgebombter Häuser notdürftig versuchen zu überleben. Der Zweite Weltkrieg löste die Erinnerung an den Dreißigjährigen Krieg im kollektiven Gedächtnis der Deutschen als das große nationale Trauma ab.

Aber nicht nur Deutschland war untergegangen. Auch die »westfälische Ordnung«, die seit 1648 in Europa gegolten hatte, war abgelöst worden durch die Zweiteilung des Kontinents durch die beiden nicht europäischen Hauptsieger und späteren Supermächte USA und UdSSR. Ihre globale Konfrontation führte ab 1947 zum Kalten Krieg, dessen Zentrum in der Mitte Deutschlands, an der Demarkationslinie zwischen Ost und West und in Berlin, lag. Europa hatte sich in zwei großen weltweiten Hegemonialkriegen, die beide von Deutschland ausgegangen waren, in der ersten Hälfte des 20. Jahrhunderts erschöpft, seine alte Staatenordnung war darin untergegangen. Freilich galt auch in der neuen bipolaren Ordnung der beiden Supermächte die alte geopolitische Formel weiter: Wer die Mitte des Kontinents beherrscht, beherrscht diesen selbst. Diesmal jedoch sollte die Formel nicht zum Unglück, sondern zum Glück Deutschlands beitragen, zumindest was seine westliche Hälfte betrifft.

Im Kalten Krieg ging es nicht nur, aber ganz wesentlich um Deutschland. Das Ziel der beiden Supermächte war der Sieg in der globalen Systemkonkurrenz, die globale Hegemonie. Europa jedoch war der zentrale Schauplatz im Kampf um die Vorherrschaft bzw. die Verteidigung der jeweiligen Herrschaftsbereiche. Beide Supermächte standen sich an der innerdeutschen Grenze und in Berlin direkt gegenüber und wollten die Dominanz über ganz Deutschland. Deshalb war es nur eine Frage der Zeit, bis die jeweiligen Besatzungsmächte in Ost und West versuchen würden, das verbliebene deutsche Potenzial im Zentrum des Kontinents, das sie in ihren jeweiligen Besatzungszonen kontrollierten, für sich zu mobilisieren. Das aber würde ohne eine Rückkehr zu deutscher Staatlichkeit im geteilten Deutschland nicht möglich sein. Der Neubeginn einer demokratisch verfassten deutschen Staatlichkeit begann durch die Bildung der Länder in den Besatzungszonen – demokratisch waren diese allerdings nur in Westdeutschland verfasst – und durch deren Annahme des Grundgesetzes, das am 24. Mai 1949 in Kraft trat. Am 12. September wurde Theodor Heuß zum ersten Bundespräsidenten gewählt, am 15. September wählte dann der Bundestag Konrad Adenauer zum ersten Bundeskanzler. Die zweite deutsche Demokratie war geboren worden, unter Aufsicht und tatkräftiger Geburtshilfe der westlichen Alliierten. Sie sollte sich in den kommenden Jahrzehnten zu einer unglaublichen Erfolgsgeschichte entwickeln.

Wenige Monate nach der Bundesrepublik wurde

in der östlichen Besatzungszone die Deutsche Demokratische Republik gegründet, damit war die Teilung Deutschlands in zwei Staaten mit der ehemaligen Hauptstadt Berlin unter dem Sonderstatus einer verbleibenden Vier-Mächte-Kontrolle zementiert. Die DDR war ein kommunistisch-autoritärer Staat, der allerdings zu keinem Zeitpunkt gegenüber der eigenen Bevölkerung die notwendige Legitimation gewinnen konnte, wie der Aufstand am 17. Juni 1953 und die anhaltende Fluchtbewegung ihrer Bevölkerung nach Westen zeigten. Der Bau der Mauer in Berlin am 13. August 1961 war tatsächlich die Bankrotterklärung der DDR, deren Vollzug aber erst 39 Jahre später, in der Nacht vom 9. November 1989, stattfinden sollte.

Mit der Bildung der beiden deutschen Staaten unter der Aufsicht der Siegermächte waren im Zentrum Europas die Folgen der Bildung einer starken, ja hegemonialen Zentralmacht in der Mitte des europäischen Kontinents zumindest vorübergehend neutralisiert worden. Zugleich hatte das alte europäische Staatensystem im geteilten Europa durch den Kalten Krieg seine Bedeutung verloren. Die Interessen der jeweiligen Supermächte sollten fortan allein zählen und nicht die Vergangenheit des westfälischen Systems. In der Bundesrepublik (West) war allerdings eine Generation in die Verantwortung gewählt worden, die entschlossen war, die Konsequenzen aus dem Scheitern der Weimarer Republik und der Machtergreifung der Nationalsozialisten zu ziehen. Eine eindeutige und zweifelsfreie Absage an jegliche Form von Machtpolitik und gene-

rell an den »Primat der Außenpolitik« und des Militärischen in der Außenpolitik, die beide eine so verhäng-
nisvolle Wirkung seit 1871 für Deutschland gehabt
hatten. Der deutsche Nationalstaat hatte sich – zumindest in seinen nationalkonservativen Eliten – politisch und militärisch immer als Machtstaat verstan-
den. Nach der totalen Niederlage 1945 sollte sich die
westdeutsche Demokratie in den (sehr erfolgreichen)
zivilen Handelsstaat, gründend auf Demokratie und
Recht, verwandeln, der Deutschland bis heute geblieben ist.

In dem westdeutschen Teilstaat sollte sich zum ersten Mal eine westliche Demokratie entwickeln, die in
Verbindung mit dem bald einsetzenden Wirtschafts-
wunder tiefe Wurzeln in der Bevölkerung schlagen
konnte und so zu einem historischen Wendepunkt in
der jüngeren deutschen Nationalgeschichte wurde. Die
Zeit autoritärer oder gar diktatorischer Herrschafts-
systeme war dauerhaft vorbei in Deutschland (West).
Das Grundgesetz, d.h. die Verfassung der Bundesrepublik, ist durchdrungen von diesem Geist der alten
Bundesrepublik (West), beginnend mit dessen Artikel 1,
der die Achtung der Menschenwürde in das Zentrum
dieser Verfassung stellt. Am Ende, einhundert Jahre
nach 1848, hatte die Demokratie in Deutschland doch
noch gesiegt, nur leider nicht aus eigener Kraft, sondern erst nach der totalen Niederlage des nationalsozialistischen Deutschlands, herbeigeführt durch die Alliierten, und zu einem furchtbaren Preis.

Die junge Bundesrepublik hatte damals allerdings

noch kein Recht zu einer eigenen Außenpolitik. Die Neugründung des Auswärtigen Amtes erfolgte erst 1951. Allerdings betrieb der erste Kanzler der jungen Bundesrepublik von Anfang an eine Politik, die die geopolitischen Hauptdefizite des gescheiterten Nationalstaatsversuchs der Deutschen seit 1871 zu korrigieren versuchte: klare Priorität der Westintegration der Bundesrepublik, deren Vorrang vor der Wiedergewinnung der staatlichen Einheit, enge Anlehnung an die Westalliierten, vor allem die USA, als Schutzmächte auch und gerade Westberlins, das damals von der Sowjetunion militärisch blockiert und durch die Luftbrücke der Westalliierten gerettet worden war. Aussöhnung mit dem früheren Erbfeind Frankreich und den anderen westeuropäischen Nachbarn, die von Deutschland überfallen und besetzt worden waren. Ganz generell ging es darum, Deutschland in Gestalt der Bundesrepublik wieder zu einem geachteten, anerkannten Mitglied der Völkerfamilie zu machen, aus der es nach den grauenhaften Verbrechen der Nazis und ihrer Angriffskriege verstoßen worden war. Die Außenpolitik der jungen Bundesrepublik musste sich daher recht früh mit der deutschen Verantwortung und Schuld beschäftigen. Diese wurden gewissermaßen auch aus Selbstschutzgründen sehr stark moralisch und rechtlich aufgeladen, um jegliche Form von Machtstaatspolitik und Revisionsgelüsten zu verhindern. Hinzu kam ein tief im kollektiven Gefühlshaushalt der Deutschen verankerter Pazifismus, der ebenfalls das Ergebnis der Erfahrung von zwei Weltkriegen und der totalen Niederlage 1945 war. Seitdem ist bis auf den heutigen Tag alle deutsche Außenpolitik sehr eng mit Moral und Recht verbunden, wie doppelbödig das im Einzelfall dem Beobachter auch immer erscheinen mag.

Mit dem Krieg in Korea wurde die Notwendigkeit eines westdeutschen Beitrags zur Selbstverteidigung gegen die sowjetische Bedrohung aus Sicht der Westalliierten immer notwendiger, und so begann 1955 die Bundesrepublik nach heftigen innenpolitischen Debatten mit der Wiederbewaffnung. Die Außenpolitik der jungen Bundesrepublik fokussierte sich im Wesentlichen auf die Sicherheit der Bundesrepublik und Westberlins, die im Zeichen der beginnenden nuklearen Hochrüstung und großer internationaler Krisen um Berlin, in Ungarn 1956 und der großen Kubakrise 1962 in der Tat bedroht zu sein schienen. Hinzu kamen die Wiedergewinnung internationaler Akzeptanz vor allem unter den ehemaligen Kriegsgegnern im Westen und die Isolierung der DDR durch aktive Verhinderung ihrer diplomatischen Anerkennung durch Dritte. Im Jahr 1969 unterzeichnete die Bundesrepublik Deutschland auch den Atomwaffensperrvertrag. Damit war klar, dass Deutschland auf Atomwaffen und auch auf die Wiedererlangung eines militärischen Großmachtstatus dauerhaft verzichten würde. Die Integration der Bundesrepublik in den Westen, erst recht nach der Wiederbewaffnung auch die militärische Integration der westdeutschen Streitkräfte in die NATO seit 1955, war eine Art Sicherheitsgarantie für die westlichen Nachbarn und Partner, dass es keinen Rückfall in einen militärisch gestützten deutschen Nationalismus geben würde.

Verstärkt wurde diese Entwicklung noch durch eine aktive Aussöhnungspolitik mit den überlebenden Opfern der Nazis, ihren Nachkommen und den ehemaligen Feindstaaten. Seit den frühen 50er-Jahren verhandelte die damalige Bundesregierung mit Israel um Entschädigungszahlungen, die innenpolitisch in Israel hoch umstritten waren und zum sogenannten Luxemburger Abkommen führten. Am 12. Mai 1965 erfolgte dann die Aufnahme diplomatischer Beziehungen zwischen der Bundesrepublik Deutschland und dem Staat Israel. Zudem hatte in Deutschland auch ein überaus schmerzhafter Prozess der Auseinandersetzung um die deutsche Schuld und die nach wie vor vorhandenen braunen Täter und Mittäter begonnen, der die Identität der Bundesrepublik (West) prägen und ebenfalls das positive Bild des demokratischen Deutschlands in der Welt nachhaltig beeinflussen sollte.

Die Achillesferse dieser Politik der festen Westintegration blieb aus deutscher Sicht aber die Tatsache der anhaltend prekären Lage Berlins, die kommunistische Unterdrückung von 17 Millionen Ostdeutschen, Mauer, Stacheldraht, die deutsche Teilung und die Tatsache, dass Deutschland in Ost und West das erste nukleare Schlachtfeld sein würde, sollte sich der Kalte Krieg tatsächlich eines Tages in einen heißen verwandeln. Von Deutschland und den Deutschen in Ost und West wäre in einem solchen Falle nichts übrig geblieben. Es konnte daher nicht verwundern, dass mit dem

Ablauf der Jahre eine deutsche Regierung eine eigenständige Ostpolitik entwickeln würde, um die Lage für die Deutschen erträglicher und sicherer zu machen. Eingebettet in eine Entspannungsphase im Ost-West-Konflikt begann Willy Brandt seine »neue Ostpolitik«, die auf »Wandel durch Annäherung« setzte, d.h. auf die Hinnahme der »Realitäten« auch in den Beziehungen mit der DDR und die Akzeptanz der Westgrenze Polens, d.h. das Eingeständnis des dauerhaften Verlustes der Ostgebiete. Die deutschnationalen Kräfte innerhalb und außerhalb der Unionsparteien empfanden diesen Schritt als blanken Landesverrat und agierten entsprechend aggressiv gegen diese angebliche »Verzichtspolitik« der sozialliberalen Koalition. Aber eine Mehrheit in der Bevölkerung unterstützte Bundeskanzler Willy Brandts neue Ostpolitik in den Neuwahlen 1972, damit war diese demokratisch legitimiert worden und wurde auch in späteren Jahren unter Helmut Kohl und einer CDU-geführten Koalition nicht revidiert.

Mit der Ostpolitik Brandts und der sozialliberalen Koalition fand die Westpolitik Adenauers ihre notwendige Ergänzung. Sie vollendete die außenpolitische Positionierung der westdeutschen Demokratie in der Mitte Europas an der gefährlichsten Nahtstelle des Ost-West-Konflikts. Fortan war die Bundesrepublik gesprächsfähig nach allen Seiten, gleichwohl fest verankert im westlichen Bündnis und in der EU, die im Jahr 1957 als Europäische Wirtschaftsgemeinschaft (EWG) gegründet worden war und das große westdeutsche

Wirtschaftspotenzial fortan in Europa einbinden sollte. Der Binnenmarkt war zugleich ein großer Vorteil für die Bundesrepublik und ihre Industrie. Frankreich »bekam« den gemeinsamen Agrarmarkt. Zugleich wurde mit der EWG das große europäische Einigungswerk angegangen, bedingt durch den Kalten Krieg vorerst nur im Westen des Kontinents, aber eindeutig mit gesamteuropäischer Perspektive, sobald sich diese Bedingungen ändern würden. Schritt für Schritt entwickelte sich so ein neues europäisches Staatensystem unter dem Dach der transatlantischen Sicherheitsgarantie, das nicht mehr auf einem immer prekären »Gleichgewicht der Mächte«, sondern auf dem neuen Prinzip »Einbindung durch Integration« gründete. Dies sollte auch die Überschrift für die westdeutsche Nachkriegsdemokratie werden, die sich überaus erfolgreich an dieses neue Prinzip, das Deutschland nur Vorteile und vor allem Frieden und am Ende die erneute staatliche Einheit brachte, hielt. Seinen Höhepunkt hat dieses Prinzip westdeutscher Staatlichkeit in der Wiedervereinigung in Frieden und Freiheit im Jahr 1990 erreicht, als am 3. Oktober 00.00 Uhr die DDR dem Geltungsbereich des Grundgesetzes beitrat und so in einem vereinigten Deutschland aufging. Dies geschah diesmal nicht mittels »Eisen und Blut«(Bismarck), sondern völlig friedlich, durch diplomatische Verhandlungen als Ergebnis von Verträgen (2-plus-4-Vertrag, deutsch-polnischer Grenzvertrag und deutsch-deutscher Einheitsvertrag) und mit der Zustimmung aller ehemaligen Kriegsgegner in Ost und West. Allein schon daran kann man sehen, wie weit die Bundesrepublik Deutschland von Bismarcks Reich entfernt war.

Zu guter Letzt schienen Deutschland und Europa ihre Lektion aus einem einhundertjährigen Desaster während der Epoche der europäischen Nationalstaatsbildung und ihrer großen Hegemonialkriege gelernt zu haben. Zumindest konnte man das zu Beginn des 21. Jahrhunderts nach der NATO-Intervention in Bosnien, im Kosovo und nach der ersten Runde der EU-Osterweiterung mit guten Gründen so sehen.

Doch eine neue nationalistische Welle hat mittlerweile auch Deutschland erreicht. Die Sehnsucht nach Heimat, Tradition und Herkunft wird auch in Deutschland wieder nationalistisch und rassistisch-völkisch bewirtschaftet. Dabei ist diese Entwicklung angesichts der jüngeren deutschen Geschichte einfach nur absurd. Der deutsche Nationalismus hatte das Land zerstört. Wenn es eine Epoche in der deutschen Geschichte gegeben hat, die von beispiellosem Frieden, Wohlstand und Demokratie gekennzeichnet war, dann war es nicht die Zeit eines triumphierenden deutschen Nationalismus gewesen, sondern waren es die Jahrzehnte der bundesrepublikanischen Demokratie und ihres Rechtsstaates, die für alle die Gleichheit vor dem Gesetz garantierte. Gewiss, diese Demokratie war und ist eine staubtrockene verfassungspatriotische Republik ohne jegliches militärische Gepräge, wenn man von dem Kuriosum des »Großen Zapfenstreichs« einmal absieht, ohne jegliche nationalistische Selbstüberhöhung und dennoch voller großartiger Leistungen, auf die stolz zu sein es wirklich viele Gründe gibt. In dieser zweiten deutschen Demokratie sind die Deutschen endlich bei sich selbst angekommen und haben dort unter der Herrschaft des Rechts und der Demokratie ihre Heimat in einem größeren Europa gefunden. Wenn der heutige neonationalistische Rückfall zu etwas gut sein sollte, dann vielleicht dazu, dass er unseren Stolz auf die großartigen Leistungen unserer Demokratie nach all den nationalistischen Abgründen und Höllenstürzen weckt, auf die Jahrzehnte unserer guten alten und zugleich so offenen, so toleranten Bundesrepublik vor und nach der wiedergewonnenen Einheit. Niemals zuvor war Deutschland so frei, so friedlich und so wohlhabend gewesen wie in bundesrepublikanischer Zeit. Und nichts hat unser Land so ruiniert und seinen Ruf mit so schlimmen Verbrechen befleckt wie der Nationalismus.

Heute, siebenundzwanzig Jahre nach der deutschen Einheit und dem Ende des Kalten Krieges, ist der Nationalismus wieder im Aufwind in Europa. Die europäische Einigungsidee hat ihre vor siebzehn Jahren noch so selbstverständliche Überzeugungskraft unter den Völkern verloren, der Einigungsprozess des Kontinents ist ins Stocken geraten, und erneut werden die mottenzerfressenen ideologischen Klamotten des europäischen Nationalismus hervorgekramt. Mehr noch, der Westen schickt sich in unseren Tagen an abzutreten. Diese Entwicklungen werfen erneut vor allem die Frage nach der Zukunft Deutschlands auf, denn wie kein zweites Land in Europa wurde die Bundesrepublik Deutschland durch die Bedingungen der Nachkriegszeit des Zweiten Weltkriegs geprägt. Wenn die amerikanische Sicherheitsgarantie wegfällt oder auch nur abgeschwächt wird und zugleich die Angelsachsen sich vom Kontinent auf ihre Insel zurückziehen, kommt auf Deutschland wieder, wenn auch unter völlig anderen Bedingungen als im 19. oder 20. Jahrhundert, die Verantwortung einer europäischen Mittelmacht zu – diesmal im Rahmen von NATO und EU.

Die Einbindung Deutschlands in supranationale Strukturen und in den Westen, das wichtigste Erbe der alten Bundesrepublik, gewinnt gerade angesichts dieser neuen Herausforderung eine überragende Bedeutung. Bei der Frage der Einbindung Deutschlands geht es weniger um historische Ängste unserer Nachbarn als um ein originär deutsches Eigeninteresse: Es macht den Umgang mit seiner kritischen Größe und seiner schwierigen geopolitisch zentralen Lage in Europa sehr viel einfacher für das Land, wie die jüngere Vergangenheit gezeigt hat. Deshalb sollte auch in Zukunft für Deutschland der eherne Grundsatz gelten: »Nie wieder allein!« Denn ein Deutschland, in der Mitte Europas gelegen, das auf sich allein gestellt ist, zudem permanent unter dem Druck stünde, sich zwischen Ost und West, Eurasien und Transatlantismus entscheiden zu müssen, wäre allzu schnell erneut überfordert und ein Faktor der Unsicherheit und Instabilität im Herzen Europas.

Die NATO als transatlantische Sicherheitsklammer bleibt auch in den Zeiten von Trump zur Rückversicherung Europas angesichts seiner geopolitischen Lage unverzichtbar. Verstärkte Anstrengungen zur Erhöhung des europäischen Sicherheitsbeitrags richten sich daher nicht gegen das nordatlantische Bündnis, sondern stärken ganz im Gegenteil dessen europäische Säule und damit auch die nordatlantische Allianz. Innerhalb der EU wird die Verbindung Deutschlands mit Frankreich, quasi Deutschlands natürlicher Partner und vice versa, noch unverzichtbarer sein, und Deutschland ist gut beraten, Frankreich in strategischen Fragen die Führung zu überlassen, denn es mangelt ihm darin an Erfahrung, es ist für diese Aufgabe weder geistig noch real vorbereitet. Die Erfahrungen der deutschen Geschichte sprächen eigentlich für ein deutsches Verbleiben im historischen Windschatten, aber die gegenwärtige globale Übergangsphase hin zu einer neuen, asienzentrierten Weltordnung erfordert die Europäische Union als eigenständigen globalen und regionalen Akteur, der sie ohne das große deutsch-französische Potenzial niemals werden kann. Mit dem Entstehen einer neuen Weltordnung beginnt daher auch für Deutschland, wie für die gesamte EU, ein neuer Abschnitt in seiner Geschichte und damit auch eine neue Rolle. Das Land in der Mitte Europas wird sich darauf einzustellen haben.

# Anmerkungen

1. Stefan Zweig – Die Welt von Gestern, Frankfurt/M. 1982, S. 325/326
2. Henry Kissinger, World Order, London, 2014, S. 23 ff.
3. »Die der westfälischen Staatenordnung zugrundeliegenden Normen gleichberechtigter souveräner Staaten entsprachen also ebenso wenig der machtpolitischen Realität Europas, wie das zuvor die hierarchische Ordnungsvorstellung des Mittelalters getan hatte. ... Dennoch wirkten die neuen Normen auf die tatsächlichen Machtverhältnisse ein und veränderten sie dahingehend, dass die Vorstellung von einer christlichen Einheit mit hierarchischer Spitze zunehmend obsolet wurde.« Herfried Münkler, Der Dreißigjährige Krieg, Berlin, 2017, S. 28
4. Henry Kissinger, World Order, London, 2014, S. 32 ff.
5. »Ob es nun die Spanier, Franzosen oder Deutschen waren, das heißt abwechselnd die mächtigsten Völker des Festlandes – die die dauernde Hegemonie an sich zu reißen suchten – immer fanden sich gegen sie große Koalitionen zusammen, um in umfassenden Kämpfen ihre Versuche niederzuringen. Und der tiefste Grund, dass ihnen dies vier Jahrhunderte lang regelmäßig glückte? Er bestand darin, dass die großen Koalitionen einen unerschütterlichen Rückhalt fanden an den Flügelmächten Europas in West und Ost, vorab an den Seemächten im Westen und in zweiter Linie an den großen peripheren Festlandsmächten im Osten ... das große Geheimnis unserer Staatengeschichte der Neuzeit: dass von den Rändern Europas und aus der außereuropäischen Welt immer neue Gewichte in die Waagschale der großen Koalitionen gelegt werden konnten, bis ... das schwankende Gleichgewicht

neu ausbalanciert war.« Ludwig Dehio, Deutschland und die Weltpolitik im 20. Jahrhundert, Frankfurt/M., 1961, S. 111

6. ibid., S. 110/111

7. »This American carnage stops right here and stops right now. ... For many decades, we've enriched foreign industry at the expense of American industry. Subsidized the armies of other countries while allowing for the very sad depletion of our military. ...And spent trillions of dollars overseas while American infrastructure has fallen into desrepair and decay. We've made other countries rich while the wealth, strength and confidence of our country has disappeared beyond the horizon. One by one, the factories shuttered and left our shores, with not even a thought about the millions of American workers left behind. The wealth of our middle class has been ripped from their homes and then redistributed across the entire world. But that is the past. And now we are looking only to the future. ... From this moment on, it's going to be America First. Every decision on trade, on taxes, on immigration, on foreign affairs, will be made to benefit of American workers and American families.« Transcript of President Trump's inauguration speech, US Today, 20. Januar 2017

8. Heinrich August Winkler, Geschichte des Westens, Von den Anfängen in der Antike bis zum 20. Jahrhundert, München, 2009, S. 17 ff.

9. Ludwig Dehio, Deutschland und die Weltpolitik im 20. Jahrhundert, Frankfurt/M., 1961, S. 101

10. »Die Geburtsstunde des Reiches fiel in eine zu aufgeklärte, in eine schon nicht mehr an die innerweltlichen Autoritäten der Vernunft und der Weltgeschichte glaubende Zeit. Organische Naturaufklärung, natürliche Schöpfungsgeschichte, Darwinismus waren der humanistischen Kultur und Philosophie gefolgt. Sie prägten eine neue menschliche Selbst- und Weltauffassung, in welcher die irdische Wirklichkeit und ihr Kräftespiel allein maßgebend sind. Sie prägten auch das neue Reich, das auf viele einzelstaatliche Traditionen, aber auf keine gesamtstaatliche Tradition sich stützen konnte, zu einem Machtstaat

ohne humanistisches Rechtfertigungsbedürfnis. Die Wirklichkeit des Volkes sollte genügen.« Helmuth Plessner, Die verspätete Nation, Frankfurt/M. 1992, S. 42

11. »Mit einem Worte: Wir wollen niemand in den Schatten stellen, aber wir verlangen auch unseren Platz an der Sonne.« So der Staatssekretär des Auswärtigen und spätere Reichskanzler im Reichstag in der Kiautschou-Debatte am 6. Dezember 1897; Nachdruck Fürst Bülows Reden, herausgegeben von Johannes Penzler, Berlin, 1907, S. 8

12. »Nach 1945 bestand seine (Adenauers) politische Leitidee darin, Westdeutschland in eine enge, unumkehrbare Verbindung mit dem Westen zu bringen. ... Mit der Gründung des Atlantikpakts im Frühjahr 1949 und der entscheidenden Hilfe der USA – zunächst auf wirtschaftlichem Gebiet – hatte der Begriff ›Westen‹ als freiheitliche Alternative zum Osten als dem Synonym für Unfreiheit, Terror und Hunger eine gewaltige Aufwertung erfahren. Die Vereinigten Staaten als Rückgrat der NATO gaben der westlichen Gemeinschaft ihr Gepräge.« Henning Köhler, Adenauer, Eine politische Biographie, Berlin, 1994, S. 641 ff.

13. Winston S. Churchill, The Second World War, Volume III, The Grand Alliance, London, 1950, S. 385 ff., siehe besonders S. 393

14. ibid., S. 393

15. »So ist am Ende des 20. Jahrhunderts von der europäischen Hybris des voraufgegangenen *fin de siècle* wenig geblieben. Weltherrschaft, Kontrolle über wirtschaftliche Globalisierungsprozesse und kulturelle Ausschließlichkeitsansprüche sind unwiederbringlich dahin. War das 19. Jahrhundert das Jahrhundert Europas, so muss schon das 20. eher das Jahrhundert Nordamerikas heißen, und das 21. mag zum Saeculum Chinas werden.« Jürgen Osterhammel, Die Entzauberung Asiens, München, 2013, S. 18

16. »Das weltweite Bruttoinlandsprodukt (BIP) lag im Jahre 2015 bei 59,7 Billionen US-Dollar. Davon entfielen 26,3 Prozent auf die 28 Mitgliedstaaten der Europäischen Union (EU), 25,4 Prozent auf die USA und 9,5 Prozent auf China

(ohne Hongkong und Macao). Im Jahr 1970 lag der Anteil der EU-28 am Welt-BIP noch bei 37,8 Prozent – also 11,5 Prozentpunkte höher. Der Anteil der USA am Welt-BIP hat sich seit dem Jahr 2000 um drei Prozentpunkte auf 25,4 Prozent reduziert. Hingegen ist der Anteil Chinas am Welt-BIP kontinuierlich von 0,8 Prozent 1970 auf 9,5 Prozent im Jahr 2015 gestiegen – ein Plus von 8,8 Prozentpunkten Bezogen auf die absoluten Werte hat sich das BIP der EU zwischen 1970 und 2015 etwa verzweieinhalbfacht und das BIP der USA verdreieinhalbfacht. Das BIP Chinas war 2015 – ausgehend von einem deutlich niedrigeren Ausgangsniveau – 47-mal höher als 1970.« Bundeszentrale für politische Bildung, URL: http//www.bpb.de/nachschlagen/zahlenundfakten/europa/135823/bruttoinlandsprodukt-bip

17. »Ist es – am Ende des 20.Jahrhunderts – wieder sinnvoll von einem kohärenten und zielgerichteten Verlauf der Menschheitsgeschichte zu sprechen, der letztlich den größten Teil der Menschheit zur liberalen Demokratie führen wird? Diese Frage beantworte ich aus zwei unterschiedlichen Gründen mit ja. Der eine Grund ist wirtschaftlicher Natur, der andere hat mit dem sogenannten ›Kampf um Anerkennung‹ zu tun.« Francis Fukuyama, Das Ende der Geschichte, München, 1992, S.13

18. »It is time to stop pretending that Europeans and Americans share a common view of the world, or even that they occupy the same world. ... That is why, on major strategic and international questions today, Americans are from Mars and Europeans are from Venus: They agree on little and understand one another less and less.« Robert Kagan, Of Paradise And Power, America And Europe In The New World Order, New York, 2003, S.3

19. Graham Allison, Destined for War – Can America and China Escape Thucidides's Trap?, Boston – New York, 2016, S. 14 ff.

20. Thukydides, Geschichte des Peloponnesischen Krieges, Leipzig, 1964, S. 21

21. »Alphabet chairman Eric Schmidt says the US is at risk of falling behind in the race to develop a cutting edge artificial

intelligence. ... Schmidt predicted that America's lead in the field would continue ›over the next five years‹ before China catches up ›extremely quickly‹. ›They are going to use this technology for both commercial and military objectives with all sorts of implications‹, said Schmidt referencing a Chinese policy document outlining the country's ambition to become global leader in AI by 2030.« James Vincent, Eric Schmidt says America needs to ›get its act together‹ in AI Competition with China, 1. November 2017, theverge.com

22. »America and China, the world's two biggest economies, have produced the two titans of the industry, Amazon and Alibaba. Both are relative youngsters. Amazon, started by Jeff Bezos as an online bookshop ... in 1997. Alibaba was founded by Jack Ma in 1999. Since then both have been growing at breakneck pace, bringing large-scale disruption not only to retailing but to a range of industries spanning logistics, entertainment, advertising and manufacturing in their home countries. Both have also been expanding their empires abroad. ... The two giants do not have the field all to themselves. In America, Walmart remains the biggest retailer and is spending heavily to fend off Amazon. It also has a stake in JD.COM, an e-commerce firm based in Beijing that had 13% of the Chinese Market last year. In China, Alibaba faces not just JD but also Tencent, a messaging and payment company that is now JD's biggest shareholder. Smaller e-commerce firms around the world have the backing of giant investors such as SoftBank, Nasper's and Tiger Global.« The new bazaar, The Economist, 28. Oktober – 3. November 2017, Special report e-commerce, S. 4

23. »Tencent yesterday punched through a stock market capitalisation of $500bn becoming the first Chinese tech company to join an elite group dominated by the US and putting it within reach of Facebook's $522 bn valuation. The social media group is a fitting champion for the 21st century China. Founded by a low-profile engineer and privately owned, the company's services infiltrate every aspect of citizens' lives: chatting, eating, paying and music. More than half of the

980 m users of its WeChat platform spend more than 90 minutes on the app every day. Little known outside China, Tencent dominates its home turf thanks in part to Beijing's block on Facebook.« Tencent becomes first Chinese group to enter elite $500 bn market cap club, Financial Times, 21. November 2017, S. 11

24. »The data revolution is fusing with China's party state to create a potential ›techno-tatorship‹; a hybrid strain in which rigid political control can coexist with ample free-market flexibility. ... His point is highlighted by a boom that is making China the centre of the global digital economy revolution. China accounts for more than 40 percent of the world's e-commerce transactions, up from less than 1 percent a decade ago ... It is the world leader in payments made by mobile devices, with 11 times the transaction value of the US. The country is the head of sharing economy technology advances, with its bike-sharing and ride-sharing markets eclipsing all others in size and growth.« James Knyge, China harnesses big data to butress the power of the state, FT vom 28./29. Oktober 2017, S.11. Siehe dazu auch: The next wave – A new generation of Chinese entrepreneurs will have a powerful impact on industries and consumers worldwide, The Economist 23.–29. September 2017, S. 18 ff.

25. Siehe dazu Präsident Xi Jinpings Rede vom 17. Januar 2017 auf dem World Economic Forum in Davos, die auch Chinas de facto globalen Führungsanspruch im 21. Jahrhundert inhaltlich unterlegt. President Xi's speech to Davos in full – https://www.weforum.org

26. »Just as the financial crisis of 2008 damaged the credibility of western economic ideas in China, so the election of Donald Trump and the fracturing of the EU have made it easier for China's leaders to scorn western political practises. Many Chinese intellectuals still look to the west as a model of political freedom. But as one liberal academic put it to me last week: ›It's a real problem for us, inside China, that the west is looking so weak.‹« Gideon Rachman, China's

bold challenge to the west, Financial Times (FT), 24. Oktober 2017, S. 9

27. Jürgen Osterhammel, Die Verwandlung der Welt, Eine Geschichte des 19. Jahrhunderts, München, 2009, S. 927/8

28. »Die Offenheit des eurasischen ›Hochmittelalters‹, zu dem der verheerende Mongolensturm ebenso gehört wie die universalen Denkgebäude von Theologen und Philosophen in der arabischen, christlich-lateinischen und chinesischen Welt, wich etwa vom 14. Jahrhundert bis zum 16. Jahrhundert einer Verstärkung von Integration innerhalb bereits bestehender Einheiten und einer stärkeren Abgrenzung zwischen ihnen. China war 400 Jahre lang die große asiatische Seemacht gewesen. Es verlor diese Stellung um 1430 herum. ... Die chinesische Expansion war für fast 300 Jahre beendet. China agierte mit der Außenwelt durch ein zunehmend ritualisiertes ›Tributsystem‹; das den Kaiser immer wieder in seiner Position als Universalherrscher des Ostens symbolisch bestätigte und im übrigen den Status quo aufrechterhielt. Jetzt erst wurde China zu dem abgeschotteten – wenngleich im Inneren durchaus wandlungsfähigen – ›Reich der Mitte‹, das westliche Beobachter im 17. Jahrhundert kennenlernten.« Jürgen Osterhammel, Niels P. Petersen, Geschichte der Globalisierung, München 2012, S. 33

29. »Order always requires a subtle balance of restraint, force, and legitimacy. In Asia, it must combine a balance of power with a concept of partnership. A purely military definition of the balance will shade into confrontation. A purely psychological approach to partnership will raise fears of hegemony. Wise statesmanship must try to find that balance. For outside it, disaster beckons.« Henry Kissinger, World Order, London, 2014, S. 233

30. Petra Kolonko, Groß, marxistisch, schön, Frankfurter Allgemeine Zeitung (FAZ) vom 19. Oktober 2017, S. 3

31. »The Chinese have calculated that they need 30 to 40, maybe 50 years of peace and quiet to catch up, build up their system, change it from the communist system to the market system. They must avoid the mistakes made by Germany and Ja-

pan. Their competition for power, influence, and resources led in the last century to two terrible wars. ... The Russian mistake was that they put so much into military expenditure, and so little into civilian technology. So their economy collapsed. I believe the Chinese leadership has learnt that if you compete with America in armaments, you will lose. You will bankrupt yourself. So, avoid it, keep your head down, and smile for 40 to 50 years.« Lee Kuan Yew, The Grand Master's Insight on China, Belfer Centre for Science and International Affairs, 2013, S. 5. Allerdings ist die Phase der offenen Rivalität zwischen China und den USA im asiatisch-pazifischen Raum schneller gekommen als von Lee Kuan Yew prognostiziert.

32. China sieht die USA als raumfremde Hegemonialmacht in der von ihm beanspruchten asiatisch-pazifischen Einflusszone an, während die Selbstwahrnehmung der USA eine diametral entgegengesetzte ist: »The United States is a Pacific power, and we are here to stay«, so der damalige Präsident Barack Obama in seiner »Pivot to Asia«-Rede vor dem australischen Parlament in Canberra am 17. November 2011.

33. Henry Kissinger, World Order, London, 2014, S. 225

34. »China's leaders will eventually have to go beyond modest financial sector and economic reforms to more fundamental ones without which a market-oriented system cannot work well. Under the right circumstances, losing some stability and control might be well worth it for a better-functioning market economy, which in turn is a necessary function on the same level as those of its advanced economy counterparts. ... Despite becoming a reserve currency, the RMB has essentially given up its claim of being seen as a safe haven currency, one that investors turn for safety. In the absence of these fundamental reforms, especially the rule of law and a democratic system of government, the rise of the RMB will erode but not seriously challenge the dollar's status as the global reserve currency.« Eswar S. Prasad, Gaining Currency – The Rise of the Renminbi, New York, 2017, S. 247

35. Siehe dazu David E. Sanger, Choe Sang-Hun, Motoko Rich, U.S. allies reconsider their nuclear options, North Korea's

capabilities kindle a weapons debate in the South and Japan, New York Times, 31. Oktober 2017, S. 1 und 4

36. Hendrik Ankenbrand, China will Tesla mit eigenen Elektroautos angreifen, Frankfurter Allgemeine Zeitung, 20. April 2016

37. Seine Anwendung wird in Artikel 326 bis 344 geregelt.

38. »Im August 2016 kaufte die China Ocean Shipping Company (Cosco) für 280 Millionen Euro 51 Prozent des Hafens von Piraeus. Chinas State Grid Corporation erwarb eine Minderheitsbeteiligung von 24 Prozent an Griechenlands Netzbetreiber ADMIE. ... Länder wie Mazedonien oder Serbien und Bosnien-Herzegowina bieten zwar keinen Hafenzugang für China. Dafür konzentriert sich die südosteuropäische Seidenstraße in diesen Binnenländern auf großflächige Infrastrukturprojekte, insbesondere den Autobahnausbau entlang europäischer Korridore, Brücken und Erneuerung der Eisenbahnen.« So Jens Bastian in seinem Beitrag über »Chinas Einfallstor« in der Süddeutschen Zeitung (SZ) vom 18. Oktober 2017, S. 2

39. Dass die Europäer dazu durchaus in der Lage sind, auch wenn diese Form der Industriepolitik gegen die reine Lehre der Marktwirtschaft zumindest deutscher Provenienz verstößt, zeigen zwei Beispiele: Die bisher erfolgreichste europäische strategische Unternehmensgründung war der Flugzeughersteller Airbus, die auf eine strategische Entscheidung der Politik zurückging. 1967 gründeten Frankreich, Westdeutschland und Großbritannien diesen europäischen Flugzeughersteller. Die jüngste Verschmelzung der Eisenbahnsparten von Siemens und Alstom geht hingegen auf die Initiative der beteiligten Unternehmen zurück, allerdings eng begleitet von der Politik in Deutschland, Frankreich und Brüssel. Durch diese strategische Initiative entsteht nach dem chinesischen Staatsunternehmen CRRC (das zwar an der Börse gehandelt wird und über verschiedene private Minderheitengesellschafter verfügt, gleichwohl aber mehrheitlich vom Staat oder von staatlichen Unternehmen kontrolliert wird), der weltweiten Nr. 1 für Schnellzüge und an-

deres rollendes Material, in Europa nun mit Siemens-Alstom eine global wettbewerbsfähige Nr. 2.

40. Fritz Fischer, Griff nach der Weltmacht, Düsseldorf, 1961 und 2013

41. »›Whoever becomes the leader in (AI) will become the ruler of the world‹, Russia's president Vladimir Putin said recently.« Edward Luce, Trumps unwitting surrender to China's AI ambition, Financial Times, 23. November 2017, S. 9

42. »Die SPD muss dafür zum Angriff auf den neoliberal geprägten Kapitalismus blasen. Nicht die Rechtspopulisten sind der Hauptgegner der SPD, sondern die … neoliberale globale, selbstgerechte Elite.« Nils Heisterhagen, Linker Realismus, FAZ vom 20. November 2017, S. 8. Es ist erstaunlich, mit welcher historischen Blindheit Sozialdemokraten entgegen den Erfahrungen von Weimar heutzutage wieder argumentieren. Antikapitalismus statt Antinationalismus, von Lafontaine und Wagenknecht war man solche Töne ja gewohnt, aber nun selbst die SPD? Auch so kann man von den Positionen der traditionellen Linken aus die intellektuelle Reise in die Vergangenheit angesichts von Globalisierung und neuer Weltordnung antreten, zurück in die heroischen Zeiten der Vorherrschaft Europas und seiner Arbeiterklasse!

43. So der AfD-Vorsitzende Jörg Meuthen auf dem Bundesparteitag seiner Partei in Stuttgart

44. »In Europa gibt es drei große Völker, welche an der Entwicklung des modernen Staatsbewusstsein seit dem 17. Jahrhundert nicht teilgenommen haben: Spanien, Italien und Deutschland. Denn in dem entscheidenden Zeitraum war das Schicksal gegen sie. Spaniens Größe sank. Seine gegenreformatorische Politik, sein Kampf für die Erneuerung der katholischen Christenheit, sein Festhalten an der Universalität und am sakralen Imperium verurteilten Spanien zum Widerstand gegen die entbindenden Mächte der modernen Welt. Italien war in Einzelgebiete aufgesplittert, vom Kirchenstaat, Spanien und Österreich beherrscht. Und Deutschland zerfiel in Glaubenskämpfen, in dem Gegeneinander der Fürsten und der Kaisermacht. Deshalb ist der neuzeitliche Staatsgedanke

für diese Völker fremd, er ist nicht auf ihrem Boden gewachsen und sie selber sind nicht mit ihm gewachsen. Je weniger sie aber die Möglichkeit hatten, ihr Bild im Spiegel eines Staates zu sehen, desto lebendiger blieb ihnen das Bewusstsein ihres Volkstums, musste es ihnen bleiben, wenn sie mit der Distanz zu Fürsten und Obrigkeiten ihre angestammten Rechte, Sitten und Sprache, ihr ganzes Leben bewahren und entwickeln wollten. So bekam das Wort Volk bei Spaniern, Italienern und Deutschen einen besonderen Ton.« Plessner, ibid. S. 52

45. »Zugespitzt hieß das: Würde sich in der geopolitischen Mitte der lateinischen Christenheit ein starker durchsetzungsfähiger Staat befinden oder hätte man es mit einem eher offenen Raum zu tun, auf den man einwirken konnte, ohne mit einer gleichgelagerten Gegenreaktion rechnen zu müssen? Das europäische Staatensystem erhielt letztendlich eine weiche Mitte, und das lag nicht zuletzt daran, dass den Reichsständen in Münster und Osnabrück das Bündnisrecht zugestanden wurde.« Münkler, ibid., S. 798

46. Siehe dazu Ludwig Dehio in: Günter Barudio, Der Teutsche Krieg 1618–1648, Frankfurt/M., 1985, S. 572 ff. Herfried Münkler, Der Dreißigjährige Krieg, Berlin 2017, 798 ff.

47. »Die Versetzung Preußens an den Rhein ist eine der fundamentalen Tatsachen der deutschen Geschichte, eine der Grundlagen der Reichsgründung von 1866/71. Mit der Rheinprovinz war die künstliche Existenz Preußens, die Spaltung in eine Ost- und eine Westhälfte, neu befestigt und schärfer als je zuvor ausgeprägt. Das wurde zur stärksten Antriebskraft preußischer Machtpolitik; letzten Endes ging es darum, diese Spaltung zu überwinden. Preußens Rolle als Schutzmacht an der Westgrenze – in Verbindung mit der Zweiteilung – führte dazu, dass seine eigene Sicherheit unzertrennlich mit seiner Stellung in Deutschland verbunden war … zugleich hat gerade die Rheinprovinz Preußen zur stärksten deutschen Wirtschaftsmacht gemacht und seine eigentümliche Modernität weiter ausgeprägt …« Thomas Nipperdey, Deutsche Geschichte 1800–1866, München, 1983, S. 91

48. Sebastian Haffner, Von Bismarck zu Hitler, München, 1987, S. 62

49. »Im Krieg fand der Nationalsozialismus zu sich selbst. Die nationalsozialistische Bewegung war aus der Erfahrung eines verlorenen Kriegs heraus entstanden. Das Streben nach ›nationaler Wiedergeburt‹ und Vorbereitung für einen weiteren Krieg zur Erringung der Vorherrschaft in Europa, die der Erste Weltkrieg nicht erbracht hatte, waren die Triebkräfte dieser politischen Bewegung.« Ian Kershaw, Hitler 1936–1945, Stuttgart, 2000, S. 325

50. Joachim Fest, Hitler, Frankfurt – Berlin – Wien, 1973, S. 996 ff.

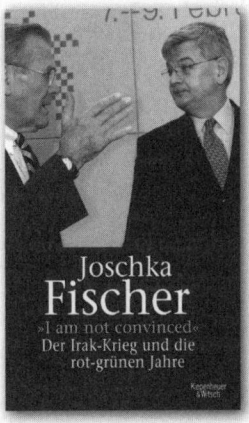